高手必胜攻略

廖家乐　编著

化学工业出版社
·北京·

图书在版编目（CIP）数据

斗地主高手必胜攻略 / 廖家乐编著. —北京：化学工业出版社，2017.1（2025.4重印）
ISBN 978-7-122-28010-7

Ⅰ.①斗… Ⅱ.①廖… Ⅲ.①扑克-基本知识 Ⅳ.①G892

中国版本图书馆CIP数据核字（2016）第212495号

责任编辑：史 懿　　　　　　　　　装帧设计：刘丽华
责任校对：边 涛

出版发行：化学工业出版社（北京市东城区青年湖南街13号　邮政编码100011）
印　　装：大厂回族自治县聚鑫印刷有限责任公司
710mm×1000mm 1/16　印张11　字数150千字　2025年4月北京第1版第12次印刷

购书咨询：010-64518888　　　售后服务：010-64518899
网　　址：http：//www.cip.com.cn
凡购买本书，如有缺损质量问题，本社销售中心负责调换。

定　价：25.00元　　　　　　　　　　　　　　　版权所有　违者必究

前言

"棋虽曲艺,义颇精微。必专心然后有得,必合法然后能超。"这是《橘中秘·全旨》中对象棋的精妙阐述。这些说法也同样适用于纸牌。五十四张牌千变万化,考验着玩者的智力、逻辑力、判断力、反应力。而当下,最受我国大众欢迎的纸牌玩法,大概非斗地主莫属了。

我国幅员辽阔,各地都有不同的扑克玩法。而斗地主则能够突破地域的限制,为广大人民所喜爱。我想,我有必要谈谈斗地主的独特魅力。斗地主的牌场正似三国争霸的战场,较弱的两方联合起来对抗实力较强的第三方。在战略筹划中,既有实力上的对决,又有谋略上的比拼,还有心理上的争斗。你既可以运筹帷幄、一统天下,亦可以一马当先、单骑救主,还可以静待时机、韬光养晦,更可以孤注一掷、力挽狂澜……

高手玩斗地主善于在长期的练习中总结经验,形成自己的套路和战术。牌顺时,他们能如滔滔江水般将牌一气贯通;牌姿不佳时,他们不着急不慌乱,隐忍不发,在关键时刻突施冷箭,令人防不胜防。当你想提升牌技却找不到门道时,不妨认真分析一下高手们的牌局,看看别人的套路与打法,也许你会发现自己以前从来没注意到的东西。事实上,我在学牌的过程中就是这样做的。

在此,我要特地感谢我的第一本书《斗地主杀手锏》的热心读者,他们提出了一些疑问和宝贵的意见。为此,本书中解读高手对局的同时,特别穿插了实用技法，如记牌、推断等技巧，意在通过实战对局分析更好地理解技法在实战中的应用。

人外有人，天外有天，斗地主的技术学无止境。即使你是一位斗地主的初学者，也不要认为本书的内容会过于深奥而产生畏惧；就算你是久战斗坛的老手，也不要认为自己的战术就是完美的，他山之石可以攻玉，多了解别人的牌路，可以不断提高自己。总之，本书既适合初学者阅读，也适合老手去品味，不同水平层次的人会读出不同的味道。

独坐东房内，夕颜西落时，一道浅光，一盏香茗，清风拂开卷，研究斗地主技法，岂不也是人生一大乐事？

感谢网友"天道酬勤""天堂鸟""正南偏北""心静思远""风轻""专医""神手""卓玛""执着""斗鱼""小五""戒"提出的宝贵意见以及对本书内容的仔细校订。由于笔者水平有限，疏漏之处在所难免，欢迎广大牌友多批评指正！

廖家乐

2016 年 10 月

目录

第一章　基本技巧 / 001

　　一、记牌 / 002

　　二、推断牌型 / 010

　　三、首攻方向 / 012

第二章　高级打法 / 019

　　一、小王不压打法 / 020

　　二、跳张打法 / 023

　　三、放三放五打法 / 023

　　四、防炸打法 / 025

　　五、隐藏打法 / 026

　　六、双重断桥打法 / 027

　　七、三张不带打法 / 029

　　八、延时打法 / 030

第三章　常见出牌技巧 / 031

　　例 1 / 032

　　例 2 / 033

　　例 3 / 035

　　例 4 / 037

　　例 5 / 039

　　例 6 / 041

　　例 7 / 042

　　例 8 / 044

　　例 9 / 045

　　例 10 / 045

　　例 11 / 047

　　例 12 / 048

　　例 13 / 050

　　例 14 / 051

　　例 15 / 052

　　例 16 / 055

　　例 17 / 056

　　例 18 / 060

　　例 19 / 063

　　例 20 / 066

　　例 21 / 070

　　例 22 / 072

　　例 23 / 073

　　例 24 / 075

　　例 25 / 078

例 26 / 078
例 27 / 081
例 28 / 082
例 29 / 083
例 30 / 085
例 31 / 087
例 32 / 088
例 33 / 090
例 34 / 093
例 35 / 095
例 36 / 096
例 37 / 097
例 38 / 098
例 39 / 099

第四章　经典实战 / 103

经典实战 1 / 104
经典实战 2 / 105
经典实战 3 / 107
经典实战 4 / 110
经典实战 5 / 112
经典实战 6 / 114
经典实战 7 / 116
经典实战 8 / 118
经典实战 9 / 120
经典实战 10 / 121
经典实战 11 / 123
经典实战 12 / 125
经典实战 13 / 127
经典实战 14 / 129

经典实战 15 / 131
经典实战 16 / 133
经典实战 17 / 134
经典实战 18 / 136
经典实战 19 / 138
经典实战 20 / 140

第五章　残局练习 / 143

残局练习 1 / 144
残局练习 2 / 145
残局练习 3 / 145
残局练习 4 / 146
残局练习 5 / 146
残局练习 6 / 147
残局练习 7 / 147
残局练习 8 / 148
残局练习 9 / 148
残局练习 10 / 149
残局练习 11 / 149
残局练习 12 / 150

第六章　思考必备法宝 / 151

一、泰山北斗训练法 / 152
二、逻辑推断 / 153
三、深入推断 / 154
四、牌技精语 / 155
五、经验与技法 / 157

参考答案 / 161

第一章 基本技巧

任何一项运动，都需要扎实的基本功，同样，一个好的牌手也是如此。

一个好牌手需要打大量的牌局，并且不断分析、总结。力争比别人多记几张牌，少出几次错，这样自然能在对战中占据优势。本章中，笔者总结了一些斗地主的基本技巧，通过对其解读与练习，可以使读者在出牌、记忆、推断方面更加得心应手，最后推算出全部的牌，成为一个真正的高手。

一、记牌

（一）记牌技巧

记牌在斗地主的技术中是非常关键的，一个人如果不能大致记住牌桌上出过的牌，那么他斗地主的技术也不会好到哪儿去。应该说，记牌的能力和斗地主的技术是成正比的，牌记得越多，斗地主的技术也就越好。虽然两者并非完全相等，但可以说斗地主 80% 以上的技术来自于记牌，因为首先要记住牌，才能知道怎么去打牌，怎么去传递牌。自己的牌是否为大牌，是否可以炸，是否可以打赢等，这些判断都依赖于记牌。只有把牌记清了，才能做出正确的选择。

有些人认为自己天生记忆力不好，记什么都很困难，所以在斗地主过程中记不住牌也是理所当然之事。但笔者认为，记牌与记忆力并没有太大的关系，至少说不能完全划等号。在斗地主时，并不是说一个人的记忆力好，就能记住更多的牌，而是需要他专注于牌。如果在过程中没有去关注每一张牌，那记忆力再好也不可能记住很多牌。相反，即使平时记忆力较差，但如果在打牌过程中能去认真关注对手打出过的每一张牌，那么，笔者相信每个人都能够记住很多牌。所以不必因为自己记忆力不好而失去了记牌的信心。

这里，笔者推荐一种记牌练习方法——记牌四部曲。

① 在打牌过程中首先需要把自己手里的牌以从大到小的顺序整理好，如 DX2AKQJ109876543（D 为大王，X 为小王，下同），这样可以大大降低记牌的难度，而且缺门牌也很容易被发现。

② 把牌分为 15 个牌点。DX2AKQJ109876543，除 DX 各一张，其余每点牌为 4 张，如 3333。把记住 54 张牌缩小为记住 15 个牌点。

③ 拿到牌后，首先要注意自己手里的缺门牌。这个需要一直牢记，直到

它出现后，再进行排除。

④ 如手里的牌为 D2AKKQJJ1099876655，先记下自己的牌，再牢记缺门牌4、3，这两门牌外面现在各有四张，其余均为两到三张。如果这时地主出单4，对照自己手里的牌，你的大脑里就需要扣除一张4，心中默念三张4在外面，如果地主出单5，你扣除一张5，心中默念外面还有一张5，以此类推。另外，自己手里打出去的牌也要记住！不要把自己打出去的牌记为缺门牌。如果自己手里是55，打出55后，当外面再出现一张5时，只能默念外面还有一张5。记住：外面出的每一手牌都需要在自己的大脑中进行计算、排除、默念，这样到最后阶段，外面剩余的牌就自然出现在你的大脑里面了。

也许，一开始你会觉得难度很大，但这种训练是非常有效的。当然，以此来提高记牌能力是需要经历一段时间的。如果要想立竿见影，那肯定是不现实的。只要通过以上的方法多加练习，用不了太长时间，就能把54张牌记得一张不漏。

（二）记牌强化练习

1. 记牌能力等级

我们可以把记牌的能力简单划分为五个等级。

A级，能把全部出过的牌记住，并且知道剩余的牌在其余两家手里的分布情况，这也是进行强化练习想要达到的最终目的。

B级，能记住牌局中大多数牌。单牌要求记住 DX2AKQJ10987，也就是说当7是最大的单牌时，玩家要知道7是单牌的止张。对子要求全部记住，比如当33大时，玩家要知道没有比33更大的对子。其他牌型就更不用说了，要全部知道是否是止张。

C级，单牌要求记住 DX2AKQJl09，对子要求记住7以上，三带要求全部记住，连牌要求全部记住。

D级，单牌要求记住 DX2AKQJ，对子要求记住9以上，三带要求全部记住。

E级，单牌只能记住 DX2A，对子只能记住 KK 以上，三带记住 10 以上。

2. 用记牌能力等级判断玩家水平

如果玩家能通过 A 级考核，那首先恭喜你，因为你是一个相当难对付的高手，已进入"超级高手"类。

如果玩家能通过 B 级考核，也是一个很不错的选手，应该可以进入高手类，不过只能算"普通高手"。

如果玩家能通过 C 级考核，只能算一个"普通玩家"，介于中级阶段与高级阶段之间。

如果玩家能通过 D 级考核，只能算是一个斗地主"爱好者"，对斗地主的掌握程度大概就处于中低级水平。

如果玩家只能通过 E 级考核，则是一个刚入门的"初级玩家"，对斗地主的理解还远远不够，此类玩家水平还需要不断提高。

3. 练习方法

针对不同记牌能力等级的玩家，可以通过以下形式的分级训练来提高记牌能力。

（1）初级练习例牌

这是顶家手里的牌，出牌过程如下：

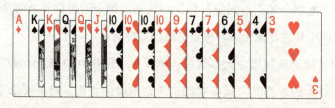

地主	下家	顶家
6	K	—
—	9876543	—
—	JJJ4	—

续 表

地主	下家	顶家
—	2225	—
DX	—	—
99	—	QQ
AA	—	—
76543	—	—
8883	—	—
QQ	—	KK
—	—	9
2	—	—
K（获胜）	—	—

练习目的 记住 Q 以上的牌。

练习时间 每天用时 2 小时，连续 2~6 天即可。

进入强化记牌模式（注意：每一步之间的间隔时间不少于 20 秒）

第一步 首先用 5 秒时间找出缺门牌 DX28（请牢记）。

第二步 地主出 6，下家过 K。下家出 K 以后，顶家故意拖延出牌时间进行排除（20 秒为宜，待熟悉这种记牌模式以后逐步加快速度）。心里默念外面剩余的牌为 DX2222AAAKQQ（初级练习只需要进行 Q 以上的计算）。默念以后再出牌。

第三步 顶家 PASS，地主 PASS，下家出 9876543。Q 以上的牌并没有出现，心里继续默念外面剩余的牌为 DX2222AAAKQQ。默念以后再出牌。

第四步 顶家 PASS，地主 PASS，下家出 JJJ4。Q 以上的牌仍没有出现，心里继续默念外面剩余的牌为 DX2222AAAKQQ。默念以后再出牌。

第五步 顶家 PASS，地主 PASS，下家出 2225。这时，Q 以上的牌出现了，需要进行排除，心里默念外面剩余的牌为 DX2AAAKQQ。默念以后再

出牌。

第六步　顶家 PASS，地主出 DX，下家 PASS。Q 以上的牌又出现了。需要进行排除，心里默念外面剩余的牌为 2AAAKQQ。默念以后再出牌。

第七步　顶家 PASS，地主出 99，下家 PASS。Q 以上的牌并没有出现，心里继续默念外面剩余的牌为 2AAAKQQ。默念以后再出牌。

第八步　顶家出 QQ，地主出 AA，下家 PASS。Q 以上的牌又出现了。需要进行排除，心里默念外面剩余的牌为 2AKQQ。默念以后再出牌。

第九步　顶家 PASS，地主出 76543，下家 PASS。Q 以上的牌没有出现，心里继续默念外面剩余的牌为 2AKQQ。默念以后再出牌。

第十步　顶家 PASS，地主出 8883，下家 PASS。Q 以上的牌没有出现，心里继续默念外面剩余的牌为 2AKQQ。默念以后再出牌。

第十一步　顶家 PASS，地主出 QQ，下家 PASS。Q 以上的牌又出现，需要进行排除，心里默念外面剩余的牌为 2AK。默念以后再出牌。

第十二步　顶家出 KK，地主 PASS，下家 PASS。Q 以上的牌虽然出现，但为自己出的 KK，不进行排除。心里继续默念外面剩余的牌为 2AK。默念以后再出牌。

第十三步　顶家出 9，地主出 2，报单，下家 PASS。Q 以上的牌出现，需要进行排除，心里默念外面剩余的牌为 AK。默念以后再出牌。

第十四步　顶家 PASS，地主 K 脱手，地主获胜。最后验证记牌是否正确。

以上方法经过不断练习，最终达到比较容易记住 Q 以上的牌，便可进入下一步"中级练习例牌"。

（2）中级练习例牌

这是顶家手里的牌，出牌过程如下：

第一章　基本技巧

地主	下家	顶家
554433	—	—
5	10	K
—	—	77
88	—	JJ
—	—	10
Q	—	K
X	—	—
AKQJ10	—	—
22	—	—
77	—	—

练习目的　记住 8 以上的牌。

练习时间　每天用时 2 小时，10~20 天即可。

进入强化记牌模式（注意：每一步之间的间隔时间不少于 20 秒）

第一步　首先用 5 秒时间找出缺门牌 X2AQ8（请牢记）。

第二步　地主出 554433，下家 PASS。顶家故意拖延出牌时间进行排除（20 秒为宜，待熟悉这种记牌模式以后逐步加快速度）。由于 8 以上的牌没有出现，不需要进行排除。顶家心里默念外面剩余的牌为 X2222AAAAKKQQQQJJ10101098888。默念以后再出牌。

第三步　顶家 PASS，地主出 5，下家出 10。8 以上的牌出现，需要进行排除。心里默念外面剩余的牌为 X2222AAAAKKQQQQJJ101098888。默念以后再出牌。

第四步　顶家出 K，地主 PASS，下家 PASS。K 是自己出的牌，不进行排除。心里继续默念外面剩余的牌为 X2222AAAAKKQQQQJJ101098888。默念以后再出牌。

第五步　顶家出 77，地主出 88，下家 PASS。8 以上的牌出现，需要进行排除。心里默念外面剩余的牌为 X2222AAAAKKQQQQJJ1010988。默念以后再出牌。

第六步　顶家出 JJ，地主 PASS，下家 PASS。心里继续默念外面剩余的牌为 X2222AAAAKKQQQQJJ1010988。默念以后再出牌。

第七步　顶家出 10，地主出 Q，下家 PASS。8 以上的牌出现，需要进行排除。心里默念外面剩余的牌为 X2222AAAAKKQQQJJ1010988。默念以后再出牌。

第八步　顶家出 K，地主出 X，下家 PASS。8 以上的牌出现，需要进行排除。心里默念外面剩余的牌为 2222AAAAKKQQQJJ1010988。默念以后再出牌。

第九步　顶家 PASS，地主出 AKQJ10，下家 PASS。8 以上的牌出现，需要进行排除。心里默念外面剩余的牌为 2222AAAKQQJ10988。默念以后再出牌。

第十步　顶家 PASS，地主出 22，报双，下家 PASS。8 以上的牌出现，需要进行排除。心里默念外面剩余的牌为 22AAAKQQJ10988。默念以后再出牌。

第十一步　顶家 PASS，地主 77 脱手，地主获胜。最后验证记牌是否正确。

以上方法经过不断练习，最终达到比较容易记住 8 以上的牌，便可进入下一步"高级练习例牌"。

（3）高级练习例牌

这是顶家手里的牌，出牌过程如下：

第一章 基本技巧

地主	下家	顶家
8	9	J
Q	K	—
D	—	—
66	—	99
JJ	—	QQ
KK	—	AA
—	—	44433
AA101010	—	5555
—	—	6

练习目的 记住全部的牌。

练习时间 每天用时 2 小时，20~30 天即可。

进入强化记牌模式（注意：每一步之间的间隔时间不少于 20 秒）

第一步 首先用 5 秒时间找出缺门牌 DX2K1087（请牢记）。

第二步 地主出 8，下家过 9。下家出 9 以后，顶家故意拖延出牌时间进行排除（20 秒为宜，待熟悉这种记牌模式以后逐步加快速度）。此时，首先心里默念缺门牌 8 已经出现，缺门牌刷新为 DX2K107。然后心里默念外面剩余的牌为 DX2222AAKKKKQQJJJ101010109888777766433。默念以后再出牌。

第三步 顶家出 J，地主出 Q，下家出 K。心里默念外面剩余的牌为 DX2222AAKKKQJJJ101010109888777766433，时间控制在 20 秒以上。默念以后再出牌。

第四步 顶家 PASS，地主出 D；下家 PASS。心里默念外面剩余的牌为

X2222AAKKKQJJJ1010101098887777666433，时间控制在 20 秒以上。虽然只出过一张 D，但是在强化练习的时候需要养成这种控制时间的模式。默念以后再出牌。

第五步　顶家 PASS，地主出 66，下家 PASS。心里默念外面剩余的牌为 X2222AAKKKQJJJ10101010988877776433，时间控制在 20 秒以上。默念以后再出牌。

第六步　顶家出 99，地主出 JJ，下家 PASS。心里默念外面剩余的牌为 X2222AAKKKQJ10101010988877776433，时间控制在 20 秒以上。默念以后再出牌。

第七步　顶家出 QQ，地主出 KK，下家 PASS。心里默念外面剩余的牌为 X2222AAKQJ10101010988877776433，时间控制在 20 秒以上。默念以后再出牌。

第八步　顶家出 AA，地主 PASS，下家 PASS。心里默念外面剩余的牌为 X2222AAKQJ10101010988877776433，时间控制在 20 秒以上。默念以后再出牌。

第九步　顶家出 44433，地主出 AA101010，下家 PASS。心里默念外面剩余的牌为 X2222KQJ10988877776433，时间控制在 20 秒以上。默念以后再出牌。

第十步　顶家出 5555，报单，地主 PASS，下家 PASS。现在外面最后剩余的牌为 X2222KQJ10988877776433（这里的剩余牌是地主与下家剩余牌的总和）。如果最后对照地主和下家手里的牌，发现没有错误，那你就做到了全记牌。当全记牌练习熟练以后，再练习推断两家牌型。

二、推断牌型

当你觉得记牌已经很容易了，下一步就需要在记牌的基础上进行推断练习。

1. 初级推断

当自己手里没有4，而下家出单4时，如果只是单纯地记牌，那只是记住外面还有444。而推断需要在记牌的基础上，判断牌型在外面的分布情况，如自己手里无4，下家如出单4，你就可以初步推断上家手里为444，以此类推。

2. 中级推断

自己手里有D2……8766643的牌，5一直未见，如果下家出过33、4、77，上家出过单4，那这时你就需要初步推断外面无5555炸，上家有含76543的连牌。注意：这只是初步推断，后面需根据出牌情况决定是否改变之前的初步判断。

3. 高级推断

顶家出1010，地主选择PASS，顶家再出单牌8，地主继续PASS，顶家再出A，地主上2，顶家出X，地主出D，下家、顶家PASS，地主出AKQJ10报双。

如果顶家有炸，是否能推断地主还有没有2？此时是否可以炸地主？如果你可以明确地回答出"能炸"或者"该炸"，那么，基本上说明，你已经具有高级推断的能力。

为什么说能炸？

如果你的回答是，顶家前面出1010时，地主选择PASS。如果地主有22，为了预防被炸，应该会出22压制，再出AKQJ10，最后以D+单牌的方式收尾预防炸弹，所以地主应该只有一个2，且已经出了。那么，可以认为你已经具有高级推断的能力。

为什么说不能炸？

如果你的回答是，顶家前面出1010时，地主故意不出22，等顶家再出单，地主故意分2，出2让X压，然后地主用D压X，最后报2+单，误导农民以为地主不可能有22，最后把农民的炸骗出来，所以地主很可能还有2。

那么，笔者坚信你已经完全具有高级推断的能力！

三、首攻方向

好的开头是成功的一半。在斗地主中，掌握首攻技巧是非常重要的，作为地主，自己独当一面，必须做到对自己出的每一手牌都心中有数，尤其是第一手牌。因为每个人作为地主，拿到手牌后，都会对这局牌的出牌套路有一个大致的思路，而这种思路一旦被打断，牌手往往就会乱了阵脚，甚至会导致接下来的失误。而首攻作为第一手牌，下面的未知张还有很多，更是一定要按照自己的思路来。在牌局后期出现意外，剩张较少，较易计算、计划，而开局一切未知，一旦出现意外，难以做出正确判断。首攻如果稍有不慎，就有可能被农民抓住机会打乱牌型甚至偷跑。

在实战中，常常会出现地主拿着一手大牌和炸弹却因为第一手牌没有出好而被对方偷跑的情况，而且在这种情况下，农民的牌往往是比较极端的，地主往往会被打反春或输炸。所以，我们应该做到通过判断己方牌型来掌握最好的首攻方向。

♣ 例1

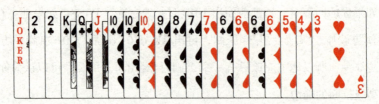

首攻：3 或 1010。

出牌目的：先丢多余张。

出 3 的优点：地主出 3 上 K，试探 A 的分布情况，再等过 77、1010 上 22，如果 A 成炸，地主手里连牌可能成为大牌，如果 A 未成炸，连牌被接，地主可以 6666 炸了，出单用 D 收回，报单。

出 1010 的优点：由于地主缺门牌只有 A，成炸的概率较较小，地主出 1010 上 22 收回，若无 A 炸，地主赢牌更直接。

♣ 例 2

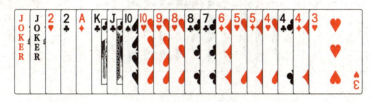

首攻：8 或者 10。

出 8 的优点：先丢多余张。如果地主能过单牌 AK，再走 J109876 和 4443，便可以抛出双王以 55+22+ 单的方式收尾。如果农民直接上 2，地主最好分王（单牌较多，手里无对子控制），以防农民上手出对或者其他牌型。

出 10 的优点：出 10 表示手里已无单牌或者单牌不多，对手用 2 上手后很可能继续出单。

♣ 例 3

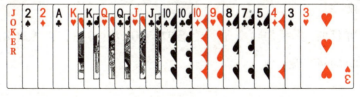

首攻：5 或 4。

出牌目的：先丢多余张。如果外面出 10 以下的牌，地主可以过 10。如果外面出 J 以上的牌，地主则可以出 A 或者 K。

接牌出 A 的优点：地主出 A 分散农民的 22，剩下 D22KKQQJJ1010109875（或 4）33，KK 或 QQ 有可能发挥一次进张（利用手里的牌上手后，获得出小牌的机会）的作用。

接牌出K的优点：地主出K分散农民的22，剩下D22AKQQJJ1010109875（或4）33，等过10后，根据外面的出牌情况随机应变。

例4

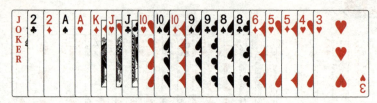

首攻：4。

出牌目的：先丢多余张。101010可以考虑带3，所以先出4再过K，如果外面一直出单，可以先分99或JJ。

例5

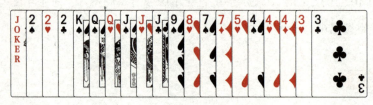

首攻：33。

出牌目的：先丢弱项对子。希望77、QQ成功穿过，再等过K，剩下D222JJJ985444控盘。

例6

首攻：665544。

出牌目的：反春意识打法。如果姐妹对 665544 外面农民无人接，地主接下来可以考虑出 J 或者连牌 J10987。

出 J 的优点：出 J，等过 K 后直接下 X，剩下 22、AAA9，控制单双及三带，J10987 可以摆尾。

出 J 的弊端：如果外面有炸，手里 J10987 可能成为废牌。

出 J10987 的优点：

① 把缺门牌 Q 打现。如果农民 Q 成炸，便丢掉了 J10987。

② 如果把 Q 打现，后期不会因为需要考虑 Q 成炸而失去了赢牌时机。

③ 即使 Q 不成炸，J10987 也可能是大牌，可防止农民过 Q 或者 K，可以直接出 K，以 22+AAA9+J 的方式摆尾。

出 J10987 的弊端：

① 可能让农民上手出掉小单牌。如下家手牌为 D2QJ1099855……下家连牌上手出 9，由于地主单牌为 KJ9，必须过 J 或者 K，下家 2 成功穿过。

② 失去连牌上手机会。如下家手牌为 DAKKKQQ10987766543，如果地主先出连牌再出单，下家过 A 后直接上 D，以先出连牌最后 KKKQQ 的方式收尾。

例7

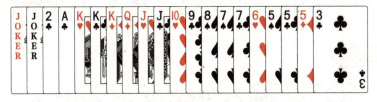

首攻：7 或 J。

出牌目的：先丢多余张。因为 555 可以带一张，所以不出最小的单牌 3。KKK 可以根据后面出牌情况决定是否保留 KKK 或过 KK 把 AK 带在连牌上面。

例8

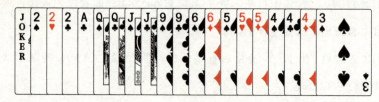

首攻：99 或 3。

出牌目的：先丢多余张。

出 99 的优点：防止农民过小对。

出 3 的优点：防止农民过对又过单（如果出对，下家可能过一对，再出大对上手丢小单，其实这样会让下家过了几手对还丢一个小单）。

例9

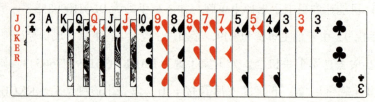

首攻：4333。

出牌目的：先丢多余张。

出 4333 的优点：心理战术。下家手里如有大三带（如AAA），为了让顶家过小三带，所以先不下AAA，若此时顶家手里无三带接牌，地主的4333便顺利跑走。

例10

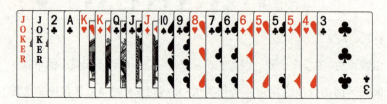

首攻：J 或 6。

出牌目的：先丢多余张。

出 J 的优点：防止下家先过 J 以下的单牌。如下家手牌为 2AKQJ10108……顶家为 22AAKQQJ……如果地主先出 6，下家过 8，顶家出 K，地主出 2 再出 J，下家出 2，最后报单剩 10，地主只能 DX 炸了出 55，让顶家上手。如果地主先出 J，下家有可能不会直接上 2，而是让顶家过 K，地主上 2 再出 6，下家过 8，顶家如果出 2 再出对，这样地主有机会穿过 55。

♣ 例 11

首攻：665544。

出牌目的：有效防止反春。如果 665544 外面不能接，则出 KQJ1098，看看有没有 A 的出现，如果外面仍然没有接，那就出 7773，剩下 D229。

首攻：76543。

出牌目的：可以用 KQJ109 收回，剩下 D229877654。如果外面出 AKQJ10 接牌，此局就无需考虑炸弹的影响。

♣ 例 12

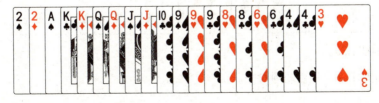

首攻：3。

出牌目的：地主单牌无止张，故先丢掉不能控制的牌。

♣ 例 13

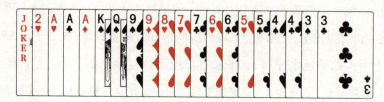

首攻：99。

出牌目的：隐蔽牌型，最后可以选择出 76543 或者 7766554433。

♣ 例 14

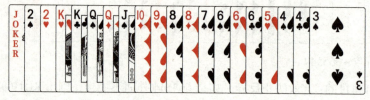

首攻：66。

出牌目的：出 66 上 KK，看 A 的情况。

♣ 例 15

首攻：33。

出牌目的：先丢弱项对子。

第二章 高级打法

我们都知道象棋有定式，其实斗地主也有定式。笔者通过对大量牌局的研究，发现很多牌局都有相似的解法（比如本章的放三放五打法、隐藏打法等）。因此，本章笔者列出了八大高级打法，读者掌握了这些高级打法，在遇到类似的牌局时，自然是手到擒来。

一、小王不压打法

例1

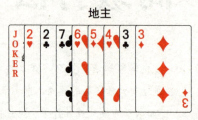

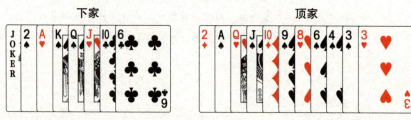

顶家先出牌。

地主	下家	顶家
		A
2	X	—
—	AKQJ10	—
—	6（报单，剩2）	—
2	—	—
76543	—	QJ1098
—	—	4
D（剩3，获胜）		

分析

当地主选择分2时，下家毫不犹豫出了X压制地主的2，导致最后地主获胜。我们可以试试，如果下家不下 X 压制地主第一个 2，那又会是什么结果？

① 如果下家 X 不压制地主的 2，地主出牌。如果地主出 3，下家再出 2，地主剩下 D276543，地主 PASS。下家出 AKQJ10 剩下 X6，下家出 6，如果地主过 2，下家 X 顺过，地主输牌！如果地主直接出 D，再出 76543，报单，剩 2，顶家 QJ1098 接手，顶家再出 2，地主 PASS，下家 X 过，地主输牌！

② 如果下家 X 不压制地主的 2，地主出牌。如果地主出 76543，剩下 D23，下家 AKQJ10 接牌，剩下 X26，下家再出 2、6，报单，剩 X，地主必须过 2，下家 X 过。地主最后也是输牌！

结论

这个案例证明如果下家 X 急着压制地主第一个 2，那最后地主获胜。但如果下家 X 不急于压制地主第一个 2，那最后农民均有机会获胜！

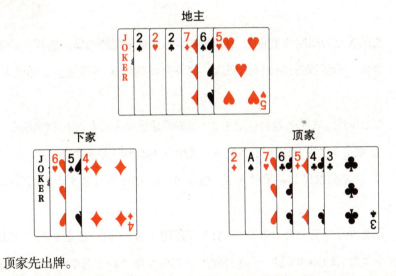

顶家先出牌。

地主	下家	顶家
		A

续表

地主	下家	顶家
2	X	—
—	4	2
D	—	—
5	6	—
2	—	—
6	—	—
2（剩7，获胜）		

分析

如果地主出 2 剩下 D22765 时，下家 X 不压地主的 2，让地主出牌，地主出 5，下家 PASS，顶家出 2，由于外面还有 X 未出，而地主手里还有单牌未过，所以不会轻易用 D 压农民的 2，这样顶家获得上手机会，76543 出完。

总结

农民 X 是否压制地主的 2，在牌局中应该是最常见的选择，笔者上面举出的两个牌例，希望读者通过仔细阅读，能够真正理解 X 不压地主 2 的优点以及弊端。

综上所述，农民 X 是否压地主 2，笔者的建议是主要看以下几种情况。

① 地主手里为 D222 时，农民 X 一般不轻易压地主第一个 2。

② 有 X 的农民如果手里无 2，地主出 2 时有很多情况 X 也不需要压地主的 2。

③ 地主手里若只有一个 2，一般 X 要压地主的 2。除非地主手里为 D2AA33，农民手里为 X22QQ101077……这种牌形，如果 X 压了地主的 2，地主出 D 上手，之后再出 33，农民出 22 压后，地主手中的牌大，单双不过。而如果农民的 X 不压地主的 2，地主只能出 33，地主还不能完全控制牌局。

二、跳张打法

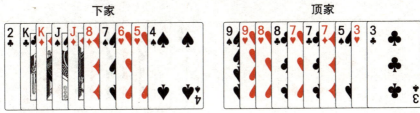

下家出 JJ，地主应怎样出牌？

分析

① 如果地主 PASS，下家出 87654，再出 2，报双，剩 KK，地主输牌！

② 如果地主出 QQ，下家出 KK，地主必须出 AA。地主剩下 22664433，出 44，顶家 88 接，地主最后输牌！

③ 如果地主运用跳张打法，即直接上 AA 或 22 压制下家 JJ，地主再出 44，下家很可能直接出 KK，地主再用 22 或者 AA 压制，剩下 QQ6633。地主出 33，用 QQ 回收，最后报双，剩 66，地主获胜！

三、放三放五打法

所谓放三放五打法，也就是说地主手里有全局第三大牌，而农民手里有全局第二大牌，这时要是地主出牌，农民就不能用第二大牌直接顶住地主第三大牌。

而是要故意放他第三大牌过了以后再用第二大牌压住。因为去掉第一、第二大牌后，第五大牌也就变为了第三大牌，所以放五技术是放三技术的延伸。

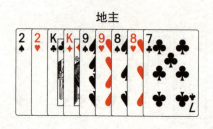

地主先出牌。

地主	下家	顶家
88	—	99
—	—	1010
KK	—	AA（报双，剩88）
22	—	—
99（剩7，获胜）	—	—

分析

地主出88时，顶家由于懂得放三技术，便没有直接出AA，选择出99，这是个很正确的打法。然而后面顶家选择继续出1010，而地主出KK最后赢得此局。这是因为顶家还没有掌握放五技术。如果顶家懂得此技术，选择自己继续出88让地主过99，那么，最后地主将会输掉此局牌。

四、防炸打法

地主先出牌。

分析

① 如果地主先出 3，下家过 4，顶家过 5，地主出 X 或者 2，下家出 D 压制后放单牌，顶家出 2 或者过 7，地主都输炸。

② 如果地主先出 22，顶家出 8888 炸掉，地主输炸。

③ 如果地主先出 2，下家 D 不压，地主再出 3，下家过 4，顶家过 5，地主再出 2，剩下 X，不管下家 D 压不压，地主都获胜。如果顶家直接上 2，地主出 X 压制，报单，剩 2，而顶家手里剩下 888875，下家出 D 压制后出单，顶家必须过 7，地主获胜。

④ 如果地主先出 2，下家出 D 压制后出 3，顶家过 5，顶家手里还有 288887，这时地主出 2，再出 3 报单，剩 X，由于顶家必须过 2 才能开炸，所以地主获胜。

五、隐藏打法

♣ 例6

地主

下家
余牌忽略不计

顶家

顶家先出牌。

地主	下家	顶家
		AAA3
—	—	K
—	—	QQQ4（获胜）

分析

  由于顶家准确地判断出地主已经没有2，应该是888加上可能一炸的牌，只是等缺牌出现便扔出炸弹。由于地主之前出过A，所以顶家把隐蔽牌选择为Q，先出AAA3再出K，最后QQQ4成功偷跑。这样出牌有两个目的，第一是隐藏Q，第二是如果地主不缺Q，那也有可能是888加两单加6666的牌，地主只要888大了便炸，所以同时做到了隐蔽和保留三带牌实力的效果。

六、双重断桥打法

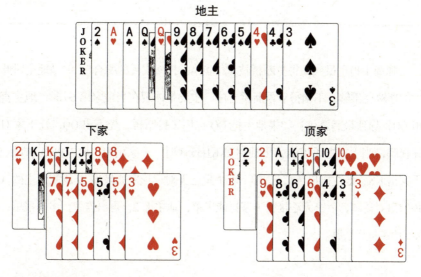

顶家先出牌。

地主	下家	顶家
		66
QQ	KK	—
—	77	—
—	88	—
—	5553	—
—	JJ（报单，剩2）	—
AA	—	22
—	—	出单
X	—	—

斗地主高手必胜攻略

续 表

地主	下家	顶家
2	—	D
—	—	出单
—	2（获胜）	

分析

牌局中地主虽然懂得打断桥技术（留 AA 打断农民的配合），但是地主对此技术的理解还不够，不懂得双重断桥打法，主要是体现在当顶家出 66 时，地主直接出 QQ，导致最后输牌！如果地主把 QQ 也用于打断桥，先不出 QQ，让下家对子先接牌，当下家把手里的牌出到剩 2KKJJ5553 时，下家出 JJ，地主再出 QQ 压制，下家出 KK，地主再出 AA，这样下家手里已无对，顶家如果出 22 压制地主的 AA，顶家出对传牌，下家无法接，顶家只能出单，地主上 2，再出连牌，出 4 报单，剩 X，地主最后获胜。

七、三张不带打法

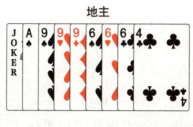

地主先出牌。

地主	下家	顶家
6664	—	KKK7
—	—	9
A	—	D（剩10，获胜）

分析

该局牌地主最后输牌，主要的原因是地主没有掌握三张不带打法，从而让顶家得利，赢得该局。

① 地主如懂得三张不带打法，选择出 666，顶家选择 PASS，地主继续出牌。地主再出 999，剩下 XA4，如果顶家出 KKK 接牌，手里还有 D1097，顶家出 7，地主出 A 直逼 D，顶家下 D，地主获胜。顶家不下 D，地主出 4，报单，剩 X，地主同样获胜。

② 地主出 666，顶家选择 PASS，地主再出 A，手里剩下 X9994，顶家只

能选择 PASS，地主再出 9994，报单，剩 X，由于顶家手里剩 DKKK1097，而下家手里剩下 765433，无法传牌。顶家 KKK7 接牌后，必须出 10，地主 X 脱手，地主获胜。

八、延时打法

例 9

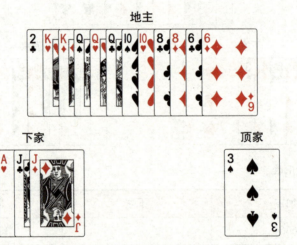

地主先出牌。

分析

由于下家有 AA，地主只能分散对子出单 6。如果下家 PASS，地主一直出单，所以下家选择分 J。

下家分 J，地主分 Q。如果下家继续分 A，剩下 AJ，地主出 2 后剩下 KKQQ1010886，出对即胜。因此，下家不能分 A，只能让地主 Q 大。地主继续出 6，下家如果随意过 J，剩下 AA，地主再分 Q，剩下 2KKQ101088。

下家采用延时打法，当地主继续出 6 时，下家可以先不出 J，让地主继续出单，地主出 8 时下家再出 J，地主如果分 Q，则手里多出 Q 和 8 的单牌，这时下家再分 A，报单，剩 A，地主输牌。

第三章 常见出牌技巧

在笔者看来，斗地主是一个三分靠运气，七分靠技术的游戏。这里说的技术包括很多，比如记牌技术、控盘技术、藏牌技术、亮牌技术、骗炸技术，甚至心理战术。你可以一把两把抓到好牌，却不可能每把有好牌，所以玩斗地主这个技术含量比较高的游戏，只靠撞大运是不行的，提升自己的技术才是根本。这和守株待兔是很像的，你今天能撞到兔子，难道能天天碰到兔子撞到树上吗？虽然斗地主中没有起死回生的绝技，但是掌握了必要的技术，你就能在运气好时多赢，运气差时少输，大家牌都差不多时脱颖而出。打开下面的内容，揭开斗地主中最神奇的谜底吧！

例1

下家手里的牌为 DX2K109844，地主出某单牌后，下家顶 K，地主出 A。由于地主存在 222 的可能性，下家是否出 2？

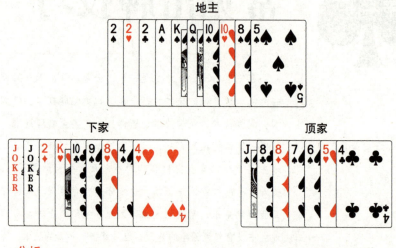

分析

① 如果下家现在出 2，再出 8，地主出 Q，下家 PASS，顶家要不起。这时地主剩下 222K101085，下家剩下 DX10944，顶家为 J887654。地主继续出 8，下家过 10，地主出 K，如果下家不分王，地主出 1010，剩下 2225，下家这时已经没有分王的机会，只能选择用双王炸掉，不过结果也是给地主锦上添花。

② 如果下家出 2，之后选择出 44，地主 1010 接牌，再出 8，下家过 9，剩下 DX108，地主过 Q，剩下 222K5，下家只能选择分王才能获胜。

③ 如果下家不出 2，让地主出牌。地主继续出 8，下家过 9，地主过 Q，剩下 222K10105，下家剩下 DX210844，下家不出 2，地主继续出牌。地主出 K，下家出 2，再出 8。如果地主分 10，顶家出 J，地主必须分 2 压牌，不然顶家出 87654，报单，剩 8，地主输炸！地主出 2 后，剩下 22105，下家剩下 DX1044，不管地主怎样出牌，最后都会输。

结论

我们在实战过程中也许经常会遇到此类相似牌型，这个案例已证明下家如果还有单牌没有过，可以不急于出 2，让顶家出 2。即使顶家没有 2，当地主手里是 222 的牌型时，很多时候也同样可以把出牌权交给地主。但也存在个别特殊情况，例如地主出 A 后剩下 22255，而顶家剩下 8876543，那下家就必须上 2 吃地主的 A 再继续出单，地主出 2，下家就分王，直到地主剩下 255，再出对让顶家 88 上手，才能获胜。

♣ 例2

当牌局中已无 DX 和其他炸的时候，如果某农民手里的牌为 22AAK55，轮到顶家出牌，该怎么出？

第一型

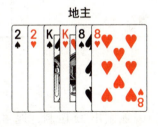
地主

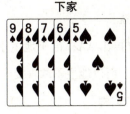
下家

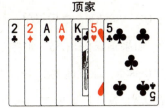
顶家

顶家先出牌。

分析

① 如果顶家先出 55，地主过 KK，顶家再出 AA，地主上 22，报双，剩 88，地主获胜。

② 如果顶家先出 AA，地主出 22，再出 88，报双，剩 KK，顶家出 22 封

033

住，再出K，报双，剩55，由于K是大牌，地主输牌。

③ 如果顶家先出AA，地主不出22，顶家再继续出55，再上22，报单，剩K，地主最后也会输。

第二型

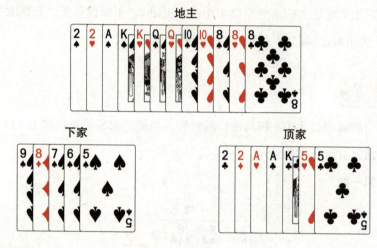

顶家先出牌。

分析

① 如果顶家先出AA，地主出22压制，地主再杀农民个回马枪，出1010、QQ、888KK，最后报单，剩A，地主获胜。

② 如果顶家先出55，地主过1010，顶家再出AA，由于地主手里还有22AKKQQ888，如果地主出22，之后也要出对，所以地主不敢直接出22封住顶家的AA，这样顶家出22，报单，剩K，地主输牌。

结论

遇到此类牌型，顶家不能贸然选择先出AA（先丢多余张）的打法。当然先出AA的情况还是很多的，要结合全局出牌情况而定。

例3

顶家手里的牌为 AAA88866。外面存在 DX 成炸的可能，这时轮到顶家出牌，顶家该采用哪种出牌方法？

第一型

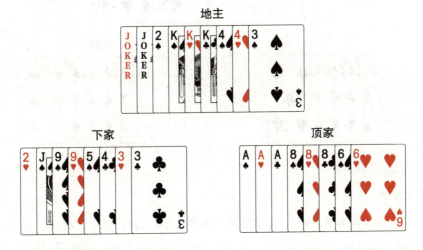

顶家先出牌。

分析

① 顶家选择出 8886，地主如果能根据前面的出牌情况推断出顶家手里为 AAA，那么，地主可以用 DX 炸了之后出 KKK44（顶家 AAA 带单），外面均不能接，地主再出 2，报单，剩 3，地主获胜。

② 顶家选择出 888 不带，地主若是用 KKK 接，顶家再出 AAA，报双，剩 66，此时地主手里 DX2443，44 为小牌，加之外面还有 2，所以地主只能选择 PASS，让顶家出完。顶家出 888 时，地主如不接，顶家可 AAA66 出完，地主最后也是输。

③ 顶家出 888，地主 DX 炸掉。地主出 3，下家出 2。下家出对子 33，顶家出 66，地主剩下 244，选择 PASS。顶家 AAA 出完，地主输炸。

第二型

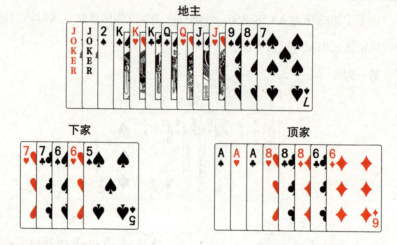

顶家先出牌。

分析

① 顶家出 888，地主 KKK 接牌，顶家 AAA 压制，报双，剩 66，由于地主手里已是大牌，可以 DX 炸了顶家，然后出单，地主最后获胜。

② 顶家出 888，地主 KKK 接牌，顶家选择 PASS。地主出 7，顶家出 A，地主出 2，再出 8，顶家出 A（如果顶家不分 A，地主将一直出单），地主 DX 炸，手里剩下 QQJJ9，已是大牌，地主获胜。

③ 顶家选择出 8886，地主出 KKK7，顶家 AAA6 收尾，地主最后输牌。

④ 顶家选择出 8886，地主出 DX 炸掉，剩下 2KKKQQJJ987，之后出 7，顶家分 A，如果地主不出 2，顶家出 66、AA，地主最后输牌。

⑤ 顶家选择出 8886，地主出 DX 炸掉，之后出 7，顶家出 A，地主出 2，剩下 KKKQQJJ98，顶家手里牌为 AA66，单双皆大，地主也一样输牌。

第三型

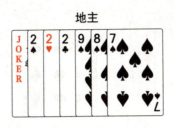

顶家先出牌。

分析

① 顶家出 8886，地主出 2227，外面均 PASS，地主再出 8 上 D，报单，剩 9，地主最后获胜。

② 顶家出 88866，由于地主手里除了 222 已无对子，所以地主 PASS，顶家 AAA 摆尾，地主输牌。

③ 顶家出 888，地主如果不接，顶家 AAA66 出完。如果地主 222 接牌，剩下 D987，地主出 7，顶家出 A，由于地主需要过一张单牌才能出 D，所以 PASS，顶家出 66，报双，剩 AA，地主最后也输牌。

结论

综上所述，笔者认为遇到此情况时，多数情况下选择先用三张不带打法，最后以三带对收尾比较合理一些。

 例 4

顶家手里的牌为 2AQJ10986，外面还有两个 2 没有出现，也存在地主 DX 成炸的可能。当地主出单时，顶家是直接上 2 还是顶 A？

第一型

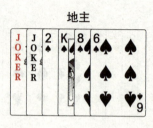
地主

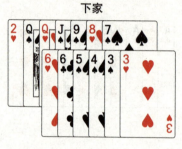
下家

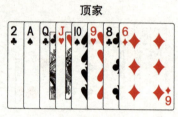
顶家

地主出 8，下家过 J，顶家应怎样出牌？

分析

① 如果顶家出 A 顶地主，地主出 2，剩下 DXK6，外面均不能接，地主再出 6、DX，报单，剩 K，地主获胜。

② 如果顶家直接出 2，地主 PASS，顶家再出 QJ1098，地主 PASS，顶家再出 6，报单，剩 A，由于地主手里还有 DX2K6，必须过 K，顶家顺过 A。地主最后输牌。

③ 顶家直接出 2，地主选择分王能赢，不过少赢一炸。

④ 顶家直接出 2，地主 DX 炸了，剩下 2K6，出 K 或者 6，由于下家手里剩下 2QQ987665433，下家上 2 出 987654，再出 33、QQ，报单，剩 6，最后地主输炸。

第二型

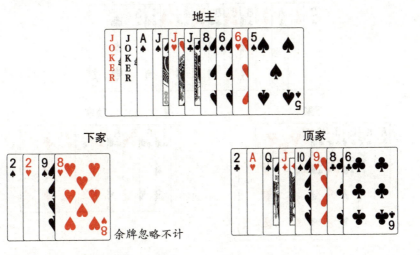

地主出 5，下家 PASS，顶家应怎样出牌？

分析

① 顶家直接出 2，地主 PASS。顶家出 QJ1098，地主 PASS。顶家再出 6，报单，剩 A，地主过 A，下家出 2，地主抛出 DX 炸，再出 JJJ66，报单，剩 8，外面均 PASS。最后地主获胜。

② 顶家出 A，地主只能分 DX，否则顶家出 QJ1098，再出 6，报单，剩 2，地主手里为 DXAJJJ866，必须过 A，下家顺过 2，最后地主输牌。

结论

在实战中，如有类似情况出现，笔者建议顶家直接出 2，抢一手牌。虽然也有个别特殊情况出 2 是错误的（如第二型），但是多数情况还是直接出 2 较好。不过归根结底，主要是要正确判断对手手里的牌型，才能有正确的出牌路线。

 例 5

地主手里的牌为 22AA88884443，外面已无 DX 和 2，但是 6666 一直未现。

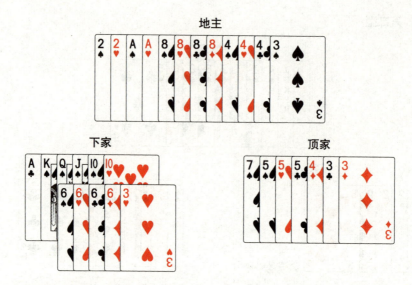

下家出 AKQJ10，剩下 6 张牌，此时地主抛出 8888 制止下家出牌，之后地主该怎么出？

分析

① 如果地主出 4443，下家 PASS，顶家出 5554，地主 PASS，顶家剩下 733，出 33，报单，剩 7，下家 6666 炸了出 3，顶家过 7。最后地主输两炸。这个牌地主出 4443 还有另一个弊端：下家手里 6 张牌，地主除了判断下家手里是 6666 带两张单外，还需要预防下家手里是 666 带一对加一单的牌型。如果是这样的牌型，如地主出 4443，下家正好 666 带一单，报双，地主手里剩下 22AA 也是没有办法制止的。

② 如果地主出 444 三不带，这样既预防了下家 666 加一单一对的牌型，也能防止顶家三带一，把多余张走掉。如地主出 444，下家 PASS，顶家接 555，顶家手里剩下 7433，只能出 4 或者 33，剩下 7 和 33 或者 7 和 4。这时地主剩下 22AA3，如果顶家出 33，地主出 AA，剩下 223，出 2，剩 23。如果顶家出 4，地主分 A，剩下 22A3。地主获胜。如地主出 444，下家 PASS，顶家 555 不接，地主再以 AA、2、3、2 的顺序出牌，最后也同样获胜！

♣ 例6

下家手里的牌为22QJ1066，顶家为9988776，地主手里已无2，DX在地主手里一直未现。在单牌比拼几轮之后，地主出A，下家是否分2压制？

第一型

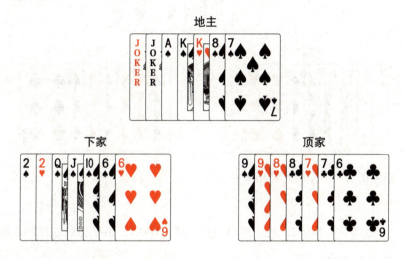

地主出A，下家应怎样出牌？

分析

① 如果下家分2压制地主的A，地主选择PASS。下家出牌，如果出66，不管顶家接与不接，地主都直接出KK，农民均不能接，地主剩下DX87，出7再出DX炸，最后报单，剩8，地主获胜。

② 如果下家分2压制地主的A，地主PASS。下家出牌，如果出单10，地主分K，下家出2，地主手里K已是单牌止张，且外面农民均无炸的可能，地主完全可以抛出DX炸掉下家的2，然后出7上K，最后报单，剩8，地主获胜。

③ 如果下家选择PASS，让地主出A上手，地主只能选择出单牌（如果出KK，下家出22压制，再出66传给顶家99接牌，地主只能PASS），下家过10，地主只能选择分双王获胜！否则下家继续出J、Q、66、22摆尾。

第二型

地主出 A，下家应怎样出牌？

分析

① 如果下家不分 2，地主再出 JJJ3，剩下 DX87，由于 JJJ3 农民均不能压制，地主再出牌便获胜。

② 如果下家选择分 2 压制地主的 A，地主只能分王获胜（否则下家 2 上手后出 66 传顶家，地主最后输牌）。

结论

有人曾经提出，如果地主有 DX 在手，农民见地主出 A 就应该出 2 压制。但以上两型已充分证明地主有 DX 在手，地主出 A 时，农民也有不需要分 2 的情况，但是前提是农民必须正确判断地主手里的牌型，才能做出最合理的选择。

地主剩下 2K，下家手里有 X，顶家手里牌为 2210986655443。

第三章 常见出牌技巧

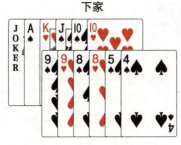

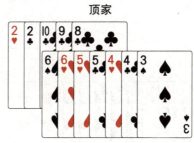

现在下家出单 5，顶家该怎么处理？

分析

① 如果顶家 PASS，让地主过 K，报单，剩 2，下家过 A，顶家再出 2 卡地主的 2。顶家出对 44，下家 88 接牌，下家再出 J，顶家继续出 2，再出 55，下家 99 接牌，此时下家手里还有 XK10104，必须出 K，由于顶家手里已无 2，地主过 2 获胜。

② 如果顶家直接上 2 卡地主的 K，出 44，下家接 88，下家再出 J，顶家再继续卡 2，顶家出 55，下家再接 99，此时下家手里剩下 XAK10104，下家再出 K，地主出 2，下家出 X 压制。下家再出 1010、A，最后报单，剩 4，地主输牌。

结论

当地主报两张单牌时，如果下家出单牌，顶家至少出自己手里第二大牌，或者用第一大牌顶住地主，然后出对传下家，下家接了以后可以跑一个单牌。当然，如果地主报的两张是对子或者顶家手里的第一大牌是全局中单牌止张，比如地主报 XA，顶家手里有 D，就不需要用 D 卡地主的牌了。

例 8

地主手里剩下 222Q，下家手里有 DX，顶家手里牌可忽略不计。

地主

下家　　　　　　　　　　　　顶家

　　　　　　　　　忽略不计

下家出 7，地主怎么处理？

分析

① 如果地主过 Q，下家出 K，地主再出 2，下家分王出 X，剩下 D29866，地主剩下 22。下家继续出 8，地主出 2，报单，剩 2，下家再出 D 压制，下家出 66，再出 2，报单，剩 9，地主最后输牌。

② 如果地主直接出 2，下家 PASS，地主再出 Q，下家过 K，地主出 2，报单，剩 2，由于下家手里剩下 DX29866 多一个单，地主获胜。

③ 如果地主直接出 2，下家分王出 X，下家再出 8，地主再出 2，剩下 2Q，下家手里还有 D2K966，不管下家的 D 是否压地主的 2，地主最后都获胜。

结论

当地主遇到以上情况时，如果外面只有 DX 没有其他炸弹，那地主的最佳打法就是先出多余张 2，之后再出 Q，报双，剩 22。

抓起底牌后，地主手里的牌为 X2AAAKQJJ109877654443。地主首攻出什么好？

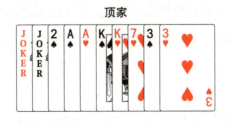

分析

地主选择出 J 的优点是防止一家农民手里全是三带牌。而先出 4443 的优点在于预防一家手里牌为 D222KQQJ1099876433。如地主出 J，农民过 Q，地主出 2，之后再出连牌，农民 PASS，地主再出 4443，农民直接以 2224 封住，剩下 DKQJ109987633，地主输牌。但是如果这手牌地主首攻 4443，那最后的结果是完全不一样的。

顶家手里的牌为 DX2AAKK733。根据前面的出牌推断地主手里可能存在 2AA4444 等大牌，下家手里无大牌。此时轮到顶家出牌，顶家该怎么出？

分析

此案例是笔者曾经打过的一个牌型，笔者为顶家，当时有玩家正旁观。当笔者准备出牌时，旁观的玩家建议先出 KK，直逼地主 AA。但笔者并没有按照此旁观者的建议出牌，而是选择先出33，然后地主过1010，笔者出AA，地主PASS。笔者再出2，地主经过一番考虑后PASS，笔者出KK，然后出DX，最后报单，剩7，地主输炸。旁观者则认为：刚才出KK和出33都一样，没有什么区别。如果出KK，地主可以下AA，而出33，地主同样可以出AA。而笔者却认为这其中是有不同算路的。

① 如果当时地主手里的牌为2AA101088874444，从地主的角度看牌，也许外面还有KKK大于888，所以如果顶家出33，地主很有可能顺过1010，这样只要顶家有机会出AA，那么，不管地主怎么出，都会输。当时顶家不见的炸只有4444，而且外面只有一个2，如果顶家出AA，剩下DX2KK7，地主手里4444不管炸不炸都会输。这是因为，如果地主炸顶家AA，顶家先采取静观其变的战术，让地主报单，剩2，再炸地主，之后出KK、2，报单，剩7。地主炸后，若是先出2，顶家同样可以DX炸了再出7、2，报双，剩KK。所以只要顶家有机会出AA，地主将必败无疑！

如果当时地主手里的牌为2AA101088874444，按照旁观者的出法先出KK直逼地主，地主见KK一出，便可出AA压制，再出8881010，外面均不能接，地主再出2、7、4444。地主最后获胜。

② 若是地主手里没有2，只有AA，如手牌为AA774444。顶家出33，地主如出77（由于外面还有22未现，地主完全可能顺过77，然后期待偷过AA，最后4444摆尾），这样顶家才有机会出AA，地主最后输牌。但是如果顶家先出KK，那地主上AA，外面22分家，均不能接，地主再出77、4444摆尾，地主获胜。

结论

综上所述，当遇到此类情况时，顶家没有必要出KK，而是先出小对，让地主在没有警觉之下再直接用AA封死地主，这样就成功控制了牌局。

例 11

顶家手里的牌为 DXAAQQJJ101099775543，地主剩下 222885，下家剩下 44433。轮到顶家出牌，应该怎么出？

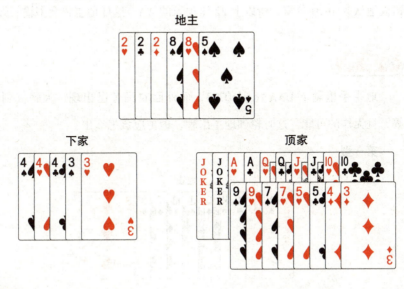

分析

① 如果顶家出 4，地主出 5，下家 PASS，顶家出 A，地主出 2，剩下 2288。顶家只能分王出 X，最后地主输牌。

② 如果顶家出牌的顺序为 99、JJ、QQ、AA。地主要是着急用 22 压顶家的 AA，之后地主出 88，剩下 2 和 5，顶家再接 1010，顶家手里剩下 DX775543，顶家出 3，地主过 5，报单，剩 2，顶家再 DX 炸了，出 55、77，报单，剩 4，地主输炸。

③ 如果顶家出牌的顺序为 99、JJ、QQ、AA。地主用 22 压顶家 AA，之后再出 5，剩下 288，顶家分 10，剩下 DX10775543，如果地主出 2，剩下 88，顶家 DX 炸了，出 3，地主分 8，报单，剩 8，顶家出 10，剩下 77554，地主最后也是输炸。

结论

如果顶家出单牌,那最后只能分王获胜。如果顶家利用扰乱打法(即出牌时刻意迷惑对手),把QQJJ101099分散成99JJQQ,与AA一起出,让地主错误地认为1010分家,所以上22压顶家的AA,这样地主将会多输一炸。

例12

地主手里剩下DAAAKQJ10733,而外面农民X已出现,大牌仅剩22KK等,且无炸的可能。这时轮到地主出牌,地主应该怎么出?

第一型

地主

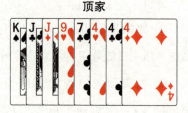
下家   顶家

地主先出牌。

分析

① 地主先出7,下家顺过K,顶家PASS,地主直接上D,下家PASS,顶家PASS。地主再出AKQJ10,下家PASS,顶家PASS。地主最后出33,报双,剩AA,由于下家单K已过,所以可以直接下22封死地主。下家再出J10987654,报单,剩8脱手,地主输牌。

② 地主先出33,下家选择PASS,顶家出JJ,地主再出AA,下家出22压制。下家出连牌J10987654,地主PASS。下家出8,报单,剩K,地主手里

剩 DAKQJ107，直接出 D，然后出 AKQJ10，报单，剩 7 脱手，地主获胜。

第二型

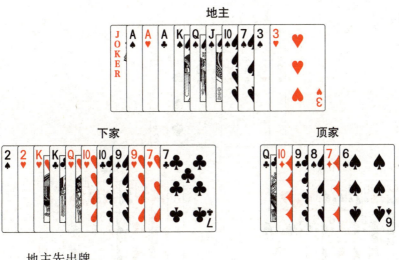

地主先出牌。

分析

① 地主先出 33，下家顺过 77，顶家 PASS，地主出 AA，下家出 22 压制。之后下家 99、1010、KK 一路狂飙，而地主却束手无策，最后下家报单，剩 Q，地主输牌。

② 地主出 7，下家过 Q，顶家 PASS，地主直接出 D。地主再出 AKQJ10，外面均 PASS。地主最后出 33，报双，剩 AA。如果下家用 22 封住，地主手中的 AA 单双都可控制，而下家手里已无连牌传盟家，地主获胜。

结论

当实战中遇到此类牌型时，要有正确的出牌顺序。笔者认为，应当根据前期出牌情况推断，如果对手手里对子多，则可以先出单，然后直接上 D，再出小对留 AA 脱手。反之，如果对手手里单牌多，则可以先出对子过 AA，之后对手自然会出单牌过来，然后自己用 D 上手脱手。

♣ 例13

地主手里剩下22AAA3。外面农民的大牌还有一个王未出，2均已出完，7777一直未现，轮到地主出牌，地主该怎么出？

第一型

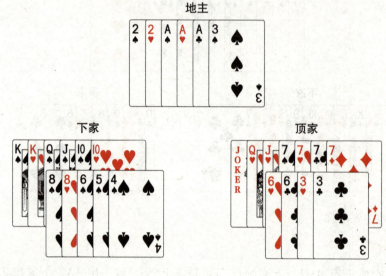

地主先出牌。

分析

①地主出AAA3，报双，剩22，顶家毫不犹豫地抛出手中的7777炸掉。顶家再出J，地主出2，报单，剩2，顶家出D压制，再出33、66，报单，剩Q，地主输牌。

②地主出22，剩AAA3，顶家7777炸了。如果顶家出单J，地主出A，剩下AA3，不管顶家D是否压制，地主都会获胜。若顶家选择出33，地主可以先放一手（利用打断桥技术，等下家接牌后再用AA压制）。若下家不接，顶家再出66，剩下三张牌。这时地主就需要注意了，要预防顶家手里D+单+单的牌型，所以用AA压制，地主再出3，报单，剩A，由于顶家手里剩下DQJ，必须过Q，地主的A可脱手。

第二型

地主

下家　　　　　　　　　顶家

地主先出牌。

分析

① 地主出 22，剩 AAA3，顶家抛出 7777 炸掉。顶家出 10，地主分 A，顶家用 D 压制。顶家再出 A，报单，剩 J，地主 PASS，顶家 J 脱手，地主输牌。

② 地主出 AAA3，报双，剩 22。由于顶家手里还有 AJ10 的单牌，如果炸地主，再出单，地主分 2，报单，地主将扩大胜果。所以顶家只能选择 PASS，地主获胜。

结论

当地主遇到此情况，在出牌之前需要考虑外面农民手里是否还有 A。或者说 A 和 D 是否都在同一个农民的手里？如果是，那么，地主就可以选择"报双，剩 22"的打法。反之，则应该选择出 22 留 AAA 在手。

 例 14

地主手里牌剩下 DAKQJ101066663，外面还有 9999 一直未现。当顶家出 Q 时，地主是否出 D 压制？

斗地主高手必胜攻略

地主

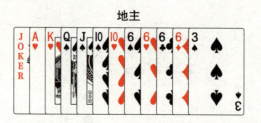

分析

① 如果地主直接出 D，再出 AKQJ10、3，剩下 666610，这时地主需要考虑 9999 成炸的可能，所以必须等 9 出现或者等过 10，才能保证赢炸。但是地主剩下五张牌已经暴露牌型，如果外面有 9999，那地主的 10 肯定不容易过掉，最后很难获胜。另外，先出 D 再出 AKQJ10，可能失去了一次五张连牌上手的机会！

② 如果地主先不出 D，让顶家出牌，由于地主牌较多，顶家很有可能放地主过单 10，这样地主再出 D 压制，剩下 AKQJ1066663，出 AKQJ10、3，最后剩下 6666，这样地主可以不带任何风险赢炸。另外，直接出 D，手里 AKQJ10 就得主动先打出去，这样失去了进张的机会。如果不出 D，手里 AKQJ10 还有可能起到进张的作用，挡住外面五张连牌上手的机会。

③ 如果顶家手里牌为 KQ109876543，顶家出 Q，地主不出 D，顶家出 109876543，剩 K，虽然 9 已经出现，但这时顶家已经报单，地主如果抛出 6666，地主必须出 10 让顶家 K 过，这是地主需要考虑的一点。

结论

当我们遇到此类情况时，笔者认为多数情况下不要急于出 D，应该等过了单或者对再出 D 压制，但个别案例情况除外。

♣ 例 15

下家手里牌为 DAKKJJ99883，地主有 X222 或 X22 的可能。轮到下家出牌，应该怎么出更合理？

第一型

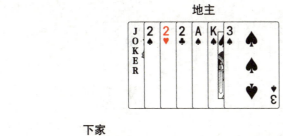

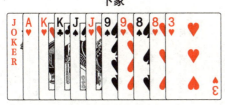

余牌忽略不计

下家先出牌。

分析

① 如果下家出 A，地主出 2，之后再继续出 K，下家 PASS，顶家出 2，地主出 X，再出 A，剩下 223，单双均可控制。

② 如果下家出 3，地主过 K，下家出 A，地主上 2，地主再出 A，顶家上 2，地主出 X，仍然剩下 223，单双均可控制。

③ 如果下家出 88，地主出 22 压制，剩下 X2AK3，地主必须出 K，下家过 A，地主出 2，下家用 D 压制后，手里全是对子，地主输牌。

第二型

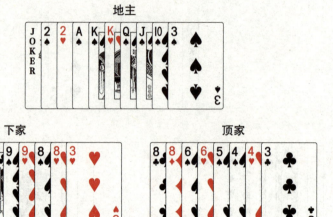

下家先出牌。

分析

① 如果下家出 3，顶家出 Q 以下的牌，地主过 K 后直接出 X，剩下 22AKQJ103，单双均可控制。

② 如果下家先出 88，地主 22 不压，下家继续出对子，最后剩下 DAKK3 时再出 3 过 A，地主输牌。

③ 如果下家先出 88，地主出 22 压制，再出 3，剩下 XAKKQJ10，下家过 A，手里全是对子，地主输牌。

第三型

第三章 常见出牌技巧

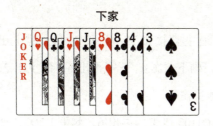

下家先出牌。

分析

此情况与第一、第二型有所区别,下家两张单牌偏小,所以这种牌型下家可以先出单,让顶家顶大单传对子。

结论

笔者的建议是,当农民手里(特别是顶家)有 D+ 两个单牌其余全是对子时,最好先出对子,把自己手里的牌尽力打为"D+ 单 + 单"或者"D+ 单 + 单 + 对"时再改为出单牌。

例 16

地主手里的牌为 X22KQJ109865,外面农民有 D22 未现。地主该怎么出更合理?

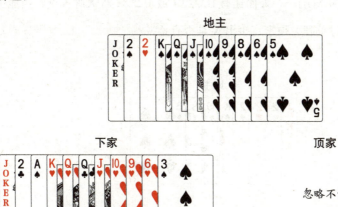

分析

① 如果地主先出6，下家过Q，地主直接出X，下家PASS。地主出KQJ1098，剩下225，下家接AKQJ109，剩下D263，下家再出6，地主出2，下家出D压制，再出2，报单，剩3，地主输牌。

② 如果地主出KQJ1098，下家AKQJ109接牌，再出6，剩下D2Q3，地主出2，剩下X265，下家PASS，地主再出6，下家过Q，地主上2，下家PASS，地主再出5，报单，剩X，下家手里剩D23，必须过2，地主获胜。

③ 也许有人会问，地主出6之后为什么要直接出X？地主可以先出2！笔者的理解是，如果出6再上2显得很被动，如果连牌外面本来无人能接，而如果某家农民手里全是对子，地主这样出相当于自己砸自己脚（把22分散）。但如果先出连牌外面无人接，地主就可以出6直接上X，剩下225，单双均可控制。

结论

遇到此类牌型时，笔者建议先出连牌。

♣ 例17

顶家手里牌为XQJJ……外面还有D2222（或D222）等大牌未见。当地主出单时，下家顺过单牌，顶家直接出X是否有意义？

第一型

地主

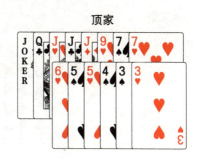

地主出 8，下家过 10，顶家应怎样出牌？

分析

① 如果顶家过 Q，地主过 K，下家出 2，地主直接出 D，再出 2226，最后报单，剩 10，地主获胜。

② 如果顶家直接出 X，地主用 D 压制，剩下 222K106，地主再出 10，下家过 Q，剩下 2AAKQJ109，地主出 K，下家出 2，上手后再出 AKQJ109，报单，剩 A，地主输牌。

③ 如果顶家直接出 X，地主 D 不下，手里牌为 D222K106。顶家 X 上手后出 76543，地主 PASS，下家接 KQJ109，剩下 2AAQ，下家出 AA，地主不下 22，下家出 Q，报单，剩 2。地主手里 K106 的单牌必须过 K，下家过 2，地主输牌。若地主出 22 压制，手里剩下 D2K106，再出 10，下家过 Q，报单，剩 2，地主同样必须过 K，下家过 2，最后地主输牌。

第二型

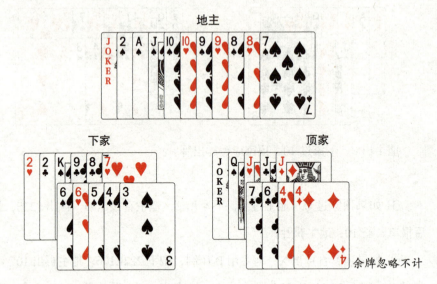

余牌忽略不计

地主出 J，下家出 K，顶家应怎样出牌？

分析

① 如果顶家 PASS，地主出 A，下家虽然手里有 2，但为了控制对子，很可能不分 2，让顶家去管 A，这样顶家若是出 X，地主再出 D 压制，剩下 2101099887，地主再出 10109988、2，最后报单，剩 7，地主获胜。

② 如果顶家直接出 X，地主不出 D，顶家出 44，下家接 22，之后出 9876543，报单，剩 6，地主输牌。

③ 如果顶家直接出 X，地主出 D 压制，手里剩下 2A101099887，地主出 7 或 A，下家直接出 2，再出 9876543、2，最后报单，剩 6，地主输牌。

第三型

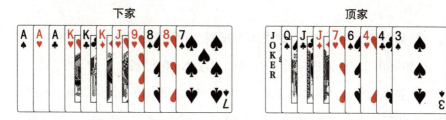

地主出 9，下家出 J，顶家应怎样出牌？

分析

① 如果顶家直接出 X，地主出 D 压制，之后再出 10，顶家再出 Q，地主出 2，剩下 22KJ4，地主出 J 再出 2，之后 4 再出 2，报单，剩 K，地主获胜。

② 如果顶家过 Q，地主过 K，下家分 A，地主出 2，顶家出 X，地主出 D 压制，手里剩下 22J104，地主出 4 再出 2，之后出 10 再出 2，最后报单，剩 J，地主获胜。

此牌型农民无解。

第四型

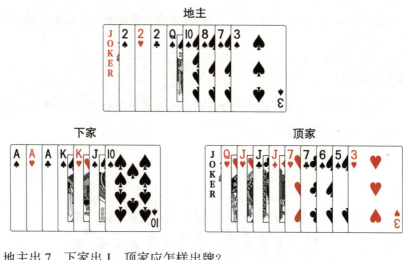

地主出 7，下家出 J，顶家应怎样出牌？

分析

① 如果顶家直接出 X，地主出 D 压制，剩下 222Q1083，地主出 8 再出 2，出 10 再出 2，出 3 再出 2，最后报单，剩 Q，地主获胜。

② 如果顶家出 Q 卡住地主的 Q，地主出 2，顶家出 X 压制，地主 PASS，顶家再出 77，地主上 22 必输，只能 PASS。下家接 KK，剩下 AAA10，不管地主是否下 22 压制，最后都会输牌。

③ 如果顶家出 Q 卡住地主的 Q，地主出 2，顶家出 X，地主出 D 压制，手里牌为 22Q1083，地主再出 8，顶家出 K，剩下 AAAK10，地主必须用 2 压。地主再出 10，顶家再出 K，剩下 AAA10，地主如出 2，手里剩下 Q3，地主如不下 2，下家 AAA10 出完，地主输牌。

结论

笔者认为，顶家是否直接出 X，主要取决于下家手里是否有 2 或地主手里是否还有 2。如果下家手里无 2，而地主手里还有 2，那顶家直接出 X 不但起不到拦截作用，反而失去了对地主的控制（如下家手里无 2，但有炸弹，手里其余全是对子，地主手里有 D222 等大牌）。因此，顶家在出牌时需要分析下家还有没有 2，若是没有，那一般情况不需要直接出 X 拦截地主的单牌。

♣ 例 18

地主手里剩下 X2QQJ10109988777，外面农民还有 D222 等大牌，轮到地主出牌，应该怎么出？

第一型

地主

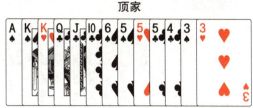

地主先出牌。

分析

① 如果地主出 10109988，再出 QQ777，下家接 22244，再出 9，之后出 D，最后报单，剩 J，地主输牌。

② 如果地主出 J，下家 PASS，顶家出 K，地主出 2，下家 PASS，地主再出 10109988、QQ777，报单，剩 X，下家接 22244，剩下 DJ9，必须出 J，地主过 X，获胜。

③ 如果地主出 J，下家出 2，剩下 D22J944，地主出 X 压制，剩下 2QQ10109988777。如下家出 D 压制，之后出单，地主出 2，再出 10109988，外面均不能接，剩下 QQ777 摆尾，地主获胜。如下家 D 不压，地主出 10109988，再出 QQ777，报单，剩 2，由于 QQ777 外面均不能接，地主同样获胜。

第二型

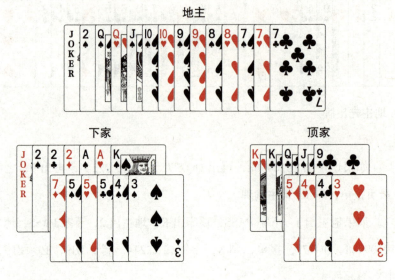

地主先出牌。

分析

① 如果地主出 J，下家过 K，地主出 2，下家出 D 压制，之后出 5553，地主若接 Q777，下家用 2224 收回，再出 AA，报单，剩 7，地主输牌。

② 如果地主出 QQ777，下家 222AA 压制，剩下 DK755543，下家再出 4，顶家过一个单，地主出 2，剩下 XJ10109988，下家 PASS，地主再出 10109988、J，最后报单，剩 X，由于顶家手里还有多余单牌，而下家手里剩下 DK75553，必须过 K，最后地主获胜。

③ 如果地主出 QQ777，下家 222 不压制，地主再出 10109988、2、J，最报单，剩 X，由于下家剩下 D222AAK755543，必须过 K，最后地主获胜。

第三型

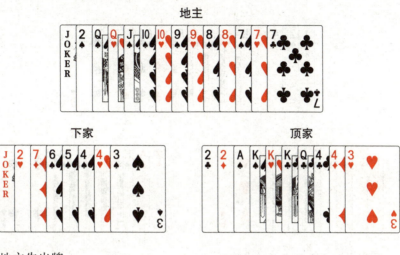

地主先出牌。

分析

① 如果地主出 J，下家过 2，地主出 X，下家出 D 压制，之后出 76543，报单，剩 4，地主输牌。

② 如果地主出 J777，下家 PASS，顶家接 KKK3。顶家再出 44、22，最后出 Q，报单，剩 A，地主输牌。

③ 如果地主出 QQ777，下家 PASS，顶家接 KKK44，剩下 22AQ3，之后出 3，地主出 2，剩下 XJ10109988，之后出 10109988、J，最后报单，剩 X，由于顶家还有 22AQ，而下家手里必须过 2，最后地主获胜。

结论

以上牌例都需要地主对农民的牌型推断无误，才能选择正确的出牌方向，从而获胜。再次强调记牌的重要性！

例 19

地主手里牌为 X2AAKKJJ88883，外面农民还有 D222AA 等大牌未现，当顶家出 K 时，地主该怎么处理？

第一型

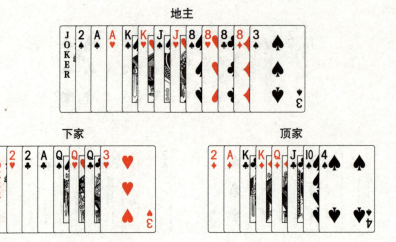

顶家出 K，地主应怎样出牌？

分析

① 如果地主选择分 A，下家出 2，地主出 X，下家出 D 压制，之后出 QQQ3，剩下 2A。下家再出 2，报单，剩 A，如果地主出 8888 炸，手里还有 2AKKJJ3，地主再出 A，顶家出 2 上手，之后出 AKQJ10，报单，剩 4，地主输牌。所以下家报单时，地主只能让下家出完，以免多输一炸。

② 如果地主选择分 A，下家出 2，地主 X 不压，下家继续出 QQQ3，再出 A，剩下 D2，地主出 2，剩下 XAKKJJ88883，下家出 D，报单，剩 2，由于地主手里还有 A 和 3 的单牌，地主也只能让下家出完。

③ 如果地主选择直接出 2，下家出 D 压制，之后出 QQQ3、22，报单，剩 A，地主用 8888 炸掉，手里剩下 XAAKKJJ3，地主手里的对子全大，出对后再出 X，报单，剩 3，地主获胜。

④ 如果地主选择直接出 2，下家出 D 压制。下家上手后只能出 QQQ3，再出 A，报双，剩 22，地主最后才会输牌——下家报双后，顶家 PASS，地主只能出 X 压制，地主手里还有 AAKKJJ88883，地主只能出单，下家 22 保留不出（控制对子），顶家出 2，再出 AKQJ10，最后报单，剩 4，地主

输牌。

⑤ 如果地主直接选择出 2，下家 PASS。地主再出 3，下家出 A，地主 PASS。下家出 QQQ3、22，报单，剩 D，地主出 8888 炸掉，剩下 XAAKKJJ，地主出对，最后获胜！如果下家出 QQQ3 后出 D，报双，剩 22，地主输牌。

第二型

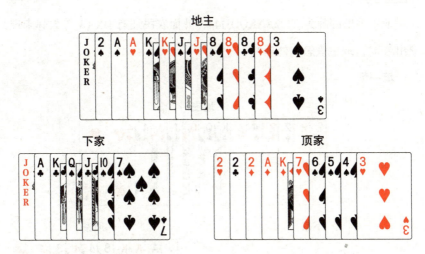

顶家出 K，地主应怎样出牌？

分析

① 如果地主分 A，下家直接出 D，再出 AKQJ10，最后报单，剩 7，地主用 8888 炸掉，剩下 X2AKKJJ3。如果地主出单 A，顶家出 2，剩下 22A76543，地主出 X 压顶家 2，之后顶家的牌大，单双不过，最后地主输牌。如地主用 8888 炸掉后，出对 JJ，顶家出 22 压制，剩下 2A76543，之后出 76543、A，最后报单，剩 2，由于地主手里剩下 X2AKK3，出 2 后必须过 A，顶家过 2，最后地主输炸。

② 如果地主选择直接上 2，下家出 D 压制。下家出 AKQJ10，报单，剩 7，地主 8888 炸掉，地主剩下 XAAKKJJ3，地主出 JJ，顶家如果上 22 压制，再出 76543、A，报单，剩 2，地主直接上 X，出 KK、AA，最后剩 3，地主

获胜。

结论

当遇到此类牌时，笔者建议的处理方式是地主先出 2，再丢小单张，确保单双平衡。

♣ 例 20

地主手里的牌为 2222AAKQQJJ44，外面农民还有 DXAA 等大牌未现，顶家出 K 时，地主该怎么处理？

第一型

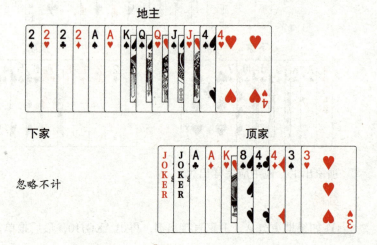

顶家出 K，地主应怎样出牌？

分析

① 如果地主选择 PASS，顶家出 33，地主过 44，顶家出 AA，剩下 DX844。如果地主用 2222 炸了，必须先出 K（否则最后报单多输一炸），顶家分王即可获胜。如果地主分 2，用 22 压顶家的 AA，之后同样必须先出 K，顶家同样分王获胜。

② 如果地主分 A，外面均 PASS。地主再出 44，由于顶家手里剩下 DXAA84433，不能直接上 AA。地主继续出 JJ，剩下 2222AKQQ，之后再出

K，顶家必须分 A，剩下 DXA84433，地主剩下 2222AQQ，单双不过，最后地主赢炸。

第二型

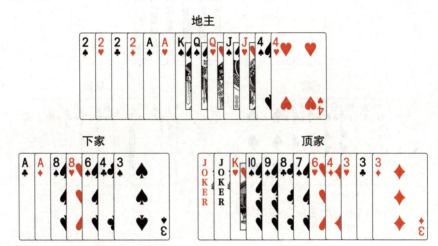

顶家出 K，地主应怎样出牌？

分析

① 如果地主 PASS，顶家上手出 109876、DX，剩 4333，地主输炸。

② 如果地主分 A，外面均 PASS。地主再出 K，下家分 A，地主剩下 2222AQQJJ44，单双不过，地主获胜。如地主出 K 时，下家 AA 不分，地主再出 44，下家出 88，地主出 JJ，剩下 2222AQQ，下家出 AA 压制地主的 JJ，地主手中的牌大，单双不过。下家若是不出 AA，地主出 A，剩下 2222QQ，最后地主获胜。

第三型

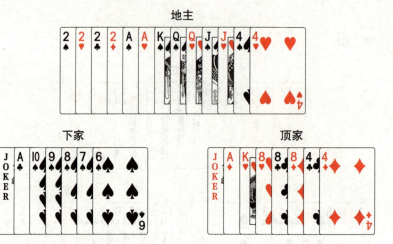

顶家出 K，地主应怎样出牌？

分析

① 如果地主选择分 A，下家出 X 压制，地主 PASS。下家出 109876，报单，剩 A，地主用 2222 炸了，剩下 AKQQJJ44，之后出 44、JJ、QQ、A，报单，剩 K，顶家出 D 压住地主的 A，再出 88844，报单，剩 A，最后地主输炸。

② 如果地主选择 PASS，下家出 A，再出 109876，报单，剩 X，地主可以赌 DX 分家，抛出 2222 炸掉，再出 44、JJ、QQ、AA，最后报单，剩 K，地主获胜。

第四型

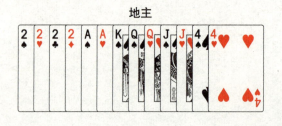

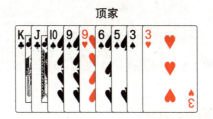

顶家出K，地主应怎样出牌？

分析

① 如果地主出A，外面均PASS。地主再出44，下家过88，地主过JJ，下家直接出AA，剩下DXK44，地主剩下2222AKQQ。如果地主的2222不炸下家的AA，下家再出K、DX，最后报双，剩44，地主输炸。如果地主用2222炸了下家的AA，地主只能出K、QQ，报单，剩A，下家用DX炸了，再出44，报单，剩K，地主多输一炸。

② 如果地主出A，外面均PASS。地主再出K，外面PASS。地主出44，下家过88，地主过JJ，剩下2222AQQ，下家直接出AA，剩下DXK44，地主只能分22压AA。地主再出A，剩下22QQ，下家分王即可获胜。

③ 如果地主选择PASS，顶家出33，地主过JJ，由于下家还有DXAAK8844，所以不能直接出AA，只能PASS。地主再出K，剩下2222AAQQ44。如果下家不分A，地主再出44、AA，剩下2222QQ，地主赢炸。如果下家分A，剩下DXAK8844，下家出对子，地主出QQ，剩2222AA44，地主获胜。下家若是出K，地主分A，剩下2222AQQ55，地主同样获胜。

④ 如果地主选择PASS，顶家出单，地主过K，剩下2222AAQQJJ44。如下家分A，剩下DXAK8844，不管出单或出对，地主都赢。如下家PASS，地主再出44，下家过88，地主过QQ，剩下2222AAJJ，下家出AA，剩下DXK44，地主抛出2222炸下家的AA，剩下AAJJ，地主再出JJ，报双，剩AA，地主牌大，单双不过，下家剩下DXK44，只能让地主出完。

结论

如果地主遇到此类情况时，可以先选择 PASS，等过单牌 K（保持牌型不单）后，再选择分 A 更为合理，当然也存在特殊情况（如第一型）。

例 21

下家剩下 2AAKK，外面还有 DAA 等大牌，地主手里有可能存在 AA。此时下家先出 AA 还是 KK？

第一型

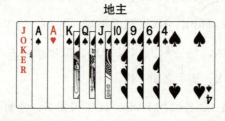

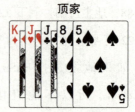

下家先出牌。

分析

① 如果下家先出 KK，地主出 AA 压制，之后再出 KQJ109、4、D，最后报单，剩 6，地主获胜。

② 如果下家先出 AA，地主 PASS。下家再出 KK，报单，剩 2，地主出 AA 压制，由于地主手里还有 6 和 4 的单牌，必须出 6，下家过 2，地主输牌。

第二型

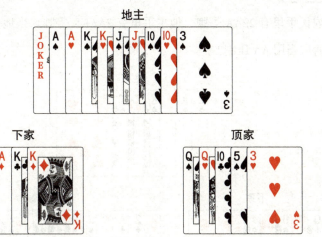

下家先出牌。

分析

① 如果下家先出 AA，再出 KK，报单，剩 2，地主出 AA 压下家 KK 后，剩下 DKKJJ10103，手里对子全大，地主再继续出对子，最后以 D+3 的方式收尾，地主获胜。

② 如果下家先出 KK，地主出 AA 压制。地主上手后出对子，下家出 AA，报单，剩 2，最后地主输牌。

③ 如果下家先出 KK，地主出 AA 压制后出单，下家出 2，报双，剩 AA，地主最后同样输牌。

结论

当农民遇到此类情况时需考虑地主手里单牌多还是对子多。如果地主手里单牌多，则可以先出 AA，再出 KK，报单，剩 2。如果地主手里对子多，则应该先出 KK，留 AA 控制地主的对子。

例22

农民手里有22AA等牌,地主手里有2AAKK等牌。当地主出KK时,农民是否应当用AA压制?

下家出QQ,地主出KK,顶家应怎样出牌?

分析

① 如果顶家出AA压制地主的KK,顶家上手后出单,地主出2,剩下AA1010,地主再出1010,报双,剩AA,顶家出22拦截后,地主剩下AA,单双不过,地主获胜。如果顶家出AA后继续出对,地主出1010,剩下2AA,顶家必须出22,地主手中2AA为大牌,单双不过,地主仍获胜。

② 如果顶家的AA不压地主的KK,地主继续出1010,剩下2AA,顶家再出AA压制,之后继续出44,地主不出AA,下家接77,剩下88,地主必须出AA压制,报单,剩2,顶家出22压制地主的AA,之后再出33,下家过88,地主输牌。如果地主出KK后,不出1010而2,剩下AA1010,之后再出1010,报双,剩AA,最后也是输牌。

例 23

地主手牌为 DX2AAKKQ8844，外面农民手里还有 22AKK 等大牌。轮到地主出牌，地主先出单还是对子？

第一型

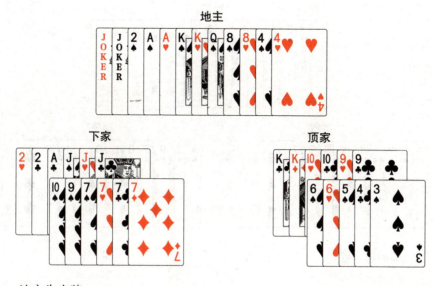

地主先出牌。

分析

① 如果地主先出 Q，下家过 A，地主上 2，之后地主再出 44，下家 PASS，顶家出 1010，地主出 KK，下家出 22 压制。下家再出 JJJ9，剩下 107777，地主 PASS，下家再出 10，剩下 7777，地主输炸。

② 如果地主先出 44，下家 PASS，顶家出 99，地主出 KK，下家出 22 压制，地主 PASS。下家出 JJJ9，剩下 A107777，由于外面已无 2，为防止下家四带二，地主用 DX 炸掉下家的 JJJ9，再出 88、AA、Q、2 收尾，地主赢炸。

③ 如果地主先出 44，下家 PASS，顶家出 1010，地主出 KK，下家和顶家均 PASS。地主再出 88，下家 PASS，顶家出 99，地主出 AA，剩下 DX2Q，

下家出 22 压制，剩下 AJJJ1097777，地主同样可以用 DX 炸掉，再出 Q，报单，剩 2，地主赢炸。

第二型

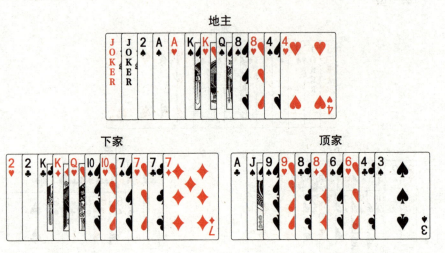

地主先出牌。

分析

① 如果地主先出 44，下家出 1010，顶家 PASS，地主出 KK，下家 PASS，地主再出 88，下家出 KK，地主出 AA，剩下 DX2Q，下家出 22 压制，剩下 Q7777，如果此时地主用 DX 炸了，只能是给农民锦上添花。

② 如果地主先出 Q，下家 PASS，顶家出 A，地主出 2，之后出 44，下家出 1010，地主出 KK，剩下 DXAA88，下家出 22 压制，剩下 KKQ7777，地主用 DX 炸掉后，手中牌单双不过，地主获胜。

③ 如果地主先出 Q，下家出 2，再出 1010，地主出 KK，再出 44，下家出 KK，剩下 2Q7777，地主出 AA，剩下 DX288，地主获胜。

④ 如果地主先出 Q，下家出 2。下家再出 Q，地主出 2，再出 44，下家出 1010，剩下 2KK7777，地主出 KK，剩下 DXAA88，地主获胜。

结论

遇到此类牌型，地主应该判断农民手中单牌多还是对子多。若是单牌多便打对，如果对子多则出单。

例 24

地主手里的牌为 XAAKK3，外面农民还有 D2Q 等大牌，轮到地主出牌，地主应该怎么出？

第一型

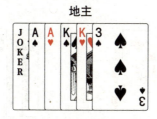

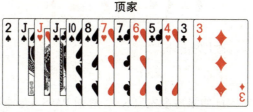

地主先出牌。

分析

① 如果地主先出 3，下家过 5，顶家过 10，地主分 A，下家出 D。下家出 76543，报单，剩 Q，地主输牌。

② 如果地主直接出 X，下家出 D 压制。下家再出 5，顶家顺过 7，地主再出 K，顶家上 2，再出 87654、JJJ33、10、2 收尾，地主输牌。

③ 如果地主先出 A，下家 PASS，顶家上 2，地主出 X，下家和顶家 PASS。地主再出 A，下家 D 必须压制。地主剩下 KK3，接下来不管下家怎么出，地主都获胜。

④ 如果地主出 KK，外面均 PASS，地主再出 AA，外面均 PASS，地主出 3，报单，剩 X，由于下家与顶家均有多余单牌，最后地主获胜。

第二型

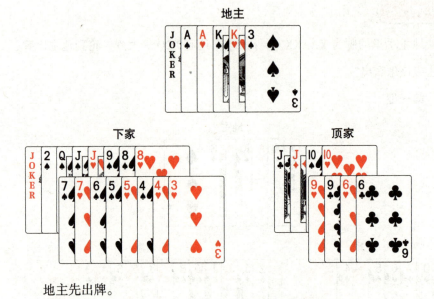

地主先出牌。

分析

① 如果地主先出 KK，外面 PASS。地主再出 AA，外面均 PASS。地主出 3，报单，剩 X，下家出 D 拦截，再出 44，由于顶家手里全是对子，地主输牌。

② 如果地主先出 A，下家 2 不出，地主再出 A，下家仍 PASS，地主只能出 KK，再出 3，报单，剩 X，下家出 D 拦截，再出对子让顶家接牌，地主同样输牌！

③ 如果地主先出 X，下家 D 必须压制。下家只能出单牌，不管顶家出与不出，地主直接分 A，如果下家 2 不出，地主再出 A，剩下 KK3，不管下家 2 是否压制，地主手里的 KK 均控制单双，最后获胜。

④ 如果地主先出 3，下家过一张单牌，地主再出 A，下家出 2，地主出 X，剩下 AKK，地主同样获胜。

第三型

地主

下家

顶家

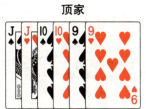

地主先出牌。

分析

① 如果地主先出 KK，农民都 PASS。地主再出 AA，农民都 PASS。地主出 3，报单，剩 X，下家直接出 D 拦截，再出 33，顶家接 99，剩下 JJ1010，地主输牌。

② 如果地主先出 3，下家过 Q，地主再出 A，下家出 2，地主出 X，下家出 D，报双，剩 33，地主输牌。

③ 如果地主先出 X，下家出 D 压制，再出 Q，之后用 2 收回，报双，剩 33，地主同样输牌。

④ 如果地主先出 A，下家出 2，地主出 X，剩下 AKK3，如果下家不出 D，地主再出 A，剩下 KK3，不管下家 D 是否压制，地主手中的牌大，单双均可控制，地主获胜。除非地主出 A，下家不出 2，地主才有可能输牌，如地主出 A 后，继续出 A，下家仍不出 2，地主剩下 XKK3，地主输牌。

结论

对于此类牌型笔者建议：农民手里单牌多时，地主可以先出多余张 AAKK，最后以出 3 报 X 的方式收尾，以免农民过单牌。农民手里对子多时，可先出 X 或 A，逼农民出 D 和 2，剩 KK 单双可控。

♣ 例 25

在顶家手里有 2 的情况下,地主出 K,下家该怎么出?

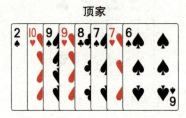

分析

① 如果下家 PASS,顶家出 2,地主出 X 压制,剩下 A3,下家 D 不压,地主出 3,报单,剩 A,获胜。

② 如地主出 X 时,下家出 D 压制,再出 88,顶家 PASS,地主 PASS,下家出 10,报单,剩 Q,地主出 A,报单,剩 3,地主获胜。

③ 如果下家 PASS,顶家 2 不出,地主再出 A,下家 PASS,顶家再出 2,地主剩下 X3,最后输牌。

④ 如果下家 PASS,顶家 2 不出,地主再出 3,剩下 XA,下家过 10,剩下 DQ88,地主出 A,报单,剩 X,下家直接出 D,再出 88,报单,剩 Q,地主输牌。

♣ 例 26

地主手里还有 DX2 等牌,下家出单报双,顶家手里还有单 2,顶家是否出 2?

第一型

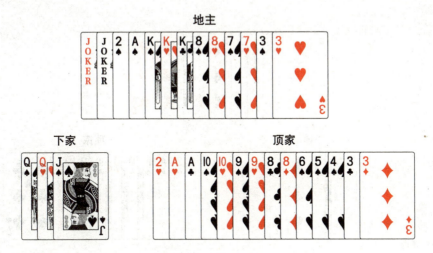

下家出 J，报双，剩 QQ，顶家应怎样出牌？

分析

① 如果顶家出 2，地主 PASS，顶家出 33，地主用 DX 炸掉，之后出 7，下家 PASS，顶家出 A，地主出 2 压制。地主再出 7，下家 PASS，顶家再出 A（此时农民手里已无 A），地主 PASS，顶家出 88，地主出 KK 拦截，剩下 AK8833，地主再出 3，下家必须分 Q（否则地主出 K，再出 3、A，报双，剩 88，地主赢炸），地主出 K 再出 88，顶家接 99，由于顶家手里还有多余单牌，地主可用 A 收回，报单，剩 3，地主赢炸。

② 如果顶家不出 2，地主出 A，顶家再出 2，之后出 33，如果地主用 DX 炸掉，之后出 7，下家 PASS，顶家分 8，地主分 K，剩下 2KK88733，顶家分 A，地主出 2。地主再出 7，顶家出 8，不管地主是否分 K，最后都输牌。如顶家分 A 后，地主不出 2，顶家出 99，地主必须用 KK 拦截，地主再出 7，顶家出 A，不管地主是否下 2，都将输牌。

③ 如果顶家不出 2，地主出 A，顶家再出 2，地主只能分王获胜。

第二型

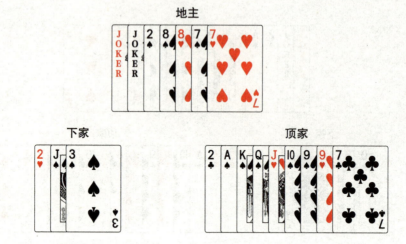

下家出 3，顶家应怎样出牌？

分析

① 如果顶家过 7，地主出 2。地主出 88，下家 PASS，顶家 99，地主用 DX 炸掉，报双，剩 77，地主赢炸。

② 如果顶家出 2，地主 PASS，顶家出 AKQJ10，地主 PASS，顶家再出 7，报双，剩 99，地主出 2，再出 88，顶家过 99，地主输牌。如果顶家报双后地主分 8，下家过 J，报单，剩 2，地主出 2，剩下 DX877，如果地主出 77，顶家过 99，地主输牌。如果地主出 8，下家过 2，地主也输牌。

③ 如果顶家出 2，地主分王出 D，剩下 X28877。之后地主出 88，顶家 99 上手，再出 AKQJ10，报单，剩 7，地主输牌。

④ 如果顶家上 2，地主分王出 D。地主出 8，下家过 J，报单，剩 2，地主出 X，剩下 2877。地主出 8，下家过 2，地主输牌。若是地主出 77，顶家 99 上手，地主同样输牌。

第三型

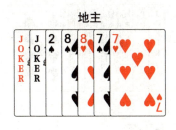

下家出 3，顶家应怎样出牌？

分析

① 如果顶家 PASS，地主上 2，再出 88、DX，最后报双，剩 77，地主赢炸。

② 如果顶家出 2，地主 PASS。顶家出 KK，地主用 DX 炸掉，剩下 28877，地主如果出 8，顶家分 9，地主输牌。

③ 如果顶家出 2，地主只能分王获胜。

结论

熟练掌握"放三放五"和"2上手立牌"的技术，可以决定牌局的成败。

地主手里剩下 XAKQJJ9，下家手里还有 D22 等牌。地主出 9，下家应怎样出牌？

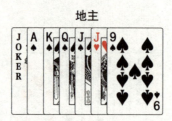

地主

下家　　　　　　　　　　顶家

　　　　　　　　　　　　忽略不计

分析

① 如果下家分 2，地主出 X 压制，下家 D 不出，地主再出 Q，下家出 2，再出 5，地主出 K，剩下 AJJ，地主获胜。如地主出 Q 时，下家 PASS，地主再出 K，剩下 AJJ，下家必须下 2，下家出单 5，地主出 A，报双，剩 JJ，下家出 D 压制，地主手中 JJ 最大，单双可控。

② 如果下家 PASS，地主出 Q，下家 PASS，地主出 K，剩下 XAJJ，下家继续 PASS，地主出 A，下家再出 2，地主出 X，下家出 D 压制。下家出 5，地主过 J，报单，剩 J，下家再出 2，剩下 101088776，下家出对，地主输牌。

③ 如果下家 PASS，地主出 Q、K、JJ，剩下 XA，下家出 22 压制，剩下 D1010887765，下家出 5，地主过 A，报单，剩 X，下家出 D 压制后，手里全是对子，地主输牌。

♣ 例 28

地主手里有 D2 等大牌，顶家手里有 X22 等大牌，双方均无炸弹。当地主出 2 时，顶家 X 是否要压地主的 2？

地主

下家　　　　　　　　顶家

 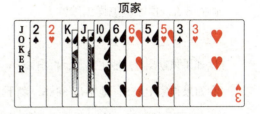

分析

① 如果顶家出 X 压制地主的 2，地主出 D，再出 44，报双，剩 AA，如果顶家 22 不拦截，地主直接赢牌。若是顶家出 22 拦截，地主剩下 AA，单双不过，最后也是地主获胜。

② 如果顶家的 X 不压地主的 2，地主出 44，下家过 99，地主 AA，报单，剩 D，顶家出 22 压制。再出 33，下家接 JJ，报双，剩 QQ，地主输牌。

③ 如果顶家的 X 不压地主的 2，地主出 A，顶家出 X 或者 2，地主 PASS，顶家再出 33，下家接对子，地主同样输牌。

例 29

地主手里有 D2 等牌，顶家手里有 X222 等牌。当地主出 A 时，顶家应该怎么处理？

第一型

地主

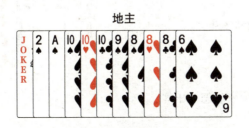

下家　　　　　　　　　　　顶家

忽略不计　　　　　　　　

地主出 A，顶家应怎样出牌？

分析

① 如果顶家出 2，地主出 D，再出 8886、1010109，报单，剩 2，地主获胜。

② 如果顶家 PASS，地主出 8886，剩下 D21010109，地主获胜。

③ 如果顶家出 X，地主出 D 压制，之后出 8886，剩下 21010109，顶家出 22210，再出 33，报单，剩 Q，地主必须出 1010 压制，剩下 2109，地主出 10，顶家过 Q，地主输牌。

④ 如果顶家直接出 X，地主 D`不压。顶家再出 10，地主出 2，之后出 8886，顶家接 222Q，报双，剩 33，地主输牌。如果地主出 2 后，先出 9，顶家出 Q，剩下 22233，地主最后输牌。

第二型

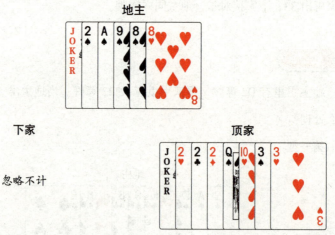

地主出 A，顶家应怎样出牌？

分析

① 如果顶家直接出 X，地主 D 不压，顶家出 10，地主出 2，再出 9，顶家过 Q，地主出 D，剩下 88，地主获胜。如果地主出 9 时，顶家直接出 2，地主出 D 压制，剩下 288，地主获胜。

② 如果顶家出 2，地主 PASS。顶家再出 10，地主出 2，剩下 D988，顶家出 X，剩下 22Q33，地主最后输牌。

结论

熟练掌握拆分 222 与保留 222 的运用，可以更好地控制牌局。

♣ 例 30

地主手里有 22 等牌，顶家手里为 AAKJ1010，顶家该怎么出牌？

第一型

顶家先出牌。

分析

① 如果顶家出 J，地主出 2。地主出 Q，再用 2 收回，报单，剩 8，地主获胜。

② 如果顶家先出 1010，地主 PASS。顶家再出 AA，地主 PASS。顶家出 J，报单，剩 K，由于地主必须过 Q，顶家过 K，地主输牌。

第二型

顶家先出牌。

分析

① 如果顶家出 1010，地主 PASS。顶家再出 AA，地主出 22。地主出 88，报双，剩 99，地主获胜。

② 如果顶家出 1010，地主 PASS，顶家再出 J，地主 PASS，顶家再出 K，地主出 2 后分 8，顶家只能分 A，地主分 2 后出 99，剩下 28，地主获胜。如顶家出 J 后，再出 AA，报单，剩 K，地主出 22 压制，剩下 9988 都是大牌，地主获胜。

③ 如果顶家先出 J，地主出 2，地主出 88，顶家出 1010，地主 PASS，顶家出 AA，报单，剩 K，地主输牌。

④ 如果顶家先出 J，地主 PASS，顶家再出 K，地主 PASS，顶家出 1010，报双，剩 AA，地主最后输牌。

结论

当地主有 22，但单牌多时，农民可以先出对子。地主对子多时，农民可以先出单。

例 31

地主手里有 22 等大牌，农民手里还有 D2 等大牌。轮到农民出牌，该怎样出？

第一型

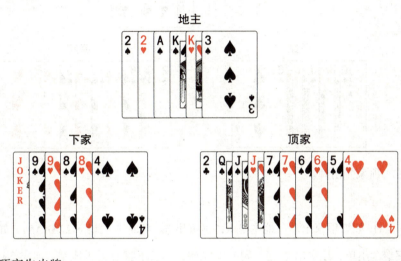

顶家先出牌。

分析

① 如果顶家出单，地主出 A，顶家出 2。顶家再继续出单，地主出 K，剩下 22K3，地主再出 K，剩下 223，不管下家 D 是否压制，地主都成为单双不过的牌型。

② 如果顶家出单，地主出 A，下家和顶家均 PASS。地主出 KK、22，最后报单，剩 3，地主获胜。

③ 如果顶家出对，地主 KK 接牌。地主出 3，顶家出 Q，地主分 2，下家出 D 压制，之后出对，报单，获胜。

④ 如果顶家出对，地主 PASS，下家 88 接牌，地主不管是否出 KK，最后都输牌。

第二型

顶家先出牌。

分析

① 如果顶家出单，地主出 K，顶家出 2。此时地主剩下 22AAA54，如果顶家继续出单，地主出 2、2，剩下 AAA54，不管下家 D 是否压制，地主都获胜。

② 如果顶家出单，地主出 K，下家和顶家均 PASS，地主再出 AAA4、22 最后报单，剩 5，地主获胜。

③ 如果顶家先出对，地主 PASS，下家接 JJ，地主必须出 22，之后地主出单，顶家出 Q，地主出 K，顶家出 2，之后出对，地主分 A 接牌，最后剩下 A5，地主出 5，报单，剩 A，下家出 D，再出 QQ，报单，剩 3，地主输牌。

结论

以上牌例农民有 D 和 2，地主只有 22，农民容易想到先出单便于控制牌局。但如将地主手中的大牌看作 222，则更易得到正解。

♣ 例 32

地主手里牌为 X22AAKQJJ1098763，外面还有 D22AA 等大牌。在单牌比拼过程中顶家出 J，地主应该怎么处理？

第一型

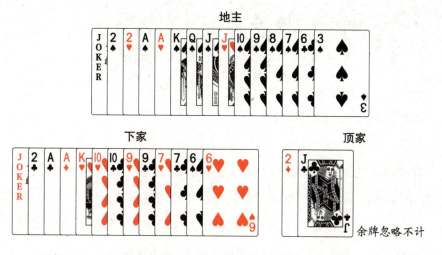

顶家出 J,地主应怎样出牌?

分析

① 如果地主分 A,下家出 2,地主 X 不压,下家出对子,地主只能出 22 压制,否则下家对子打到只剩 D2K,地主输牌。

② 如果地主分 A,下家上 2,地主出 X 压制,下家 PASS,地主出 3 后再用 2 上手,但最后仍输牌。

③ 如果地主 PASS,下家接 K,地主 PASS。下家上手出对,地主 AA 上手,再出单,之后直接出 X,剩下 22KQJJ109876,手中的牌单双不过,地主最后获胜。

第二型

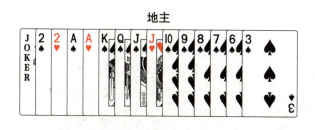

顶家出 J，地主应怎样出牌？

分析

① 如果地主 PASS，下家过 Q，地主再出 A，下家出 2，地主 X 不压。下家出 10109988，剩下 DK，出 K，报单，剩 D，地主输牌。

② 如果地主 PASS，下家过 Q，地主出 2，再出 J，下家过 K，地主出 2，下家出 D 压制，之后出 10109988，报单，剩 2，地主输牌。

③ 如果地主先分 2，农民均 PASS。地主再出 J，下家过 Q，剩下 D2K10109988，地主再出 2，剩下 XAAKQJ1098763，之后地主出 AA、KQJ109876，再出 3，报单，剩 X，由于顶家手里单牌多，而下家必须过 2，地主获胜。

结论

对于这类牌型，笔者建议：如果农民手中对子多，地主应忍让，等过掉 J 或农民出对时，用 AA 上手。如果农民手中单牌多，地主可分 2 后出单牌。

例 33

地主手里还有 X222 等牌。地主出 A，顶家手里为 D2AAA10888 等牌，顶家是否下 2？

第一型

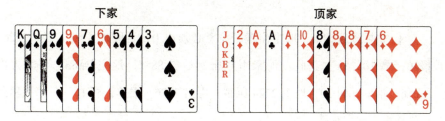

地主出 A，顶家应怎样出牌？

分析

① 如果顶家不出 2，地主出 6，下家 PASS，顶家过 10，地主直接出 X，剩下 222J77，顶家 D 必须压制，剩下 2AAA88876。顶家出 8886，地主接 222J，报双，剩 77，地主获胜。

② 如果顶家出 2 压地主的 A，地主出 X，顶家出 D 压制。顶家再出 8886、AAA7，报单，剩 10，地主出 2226 压制，剩下 J77，下家手里还有 KQ99 的大牌，地主输牌。

第二型

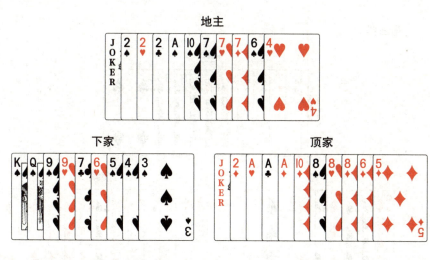

地主出 A，顶家应怎样出牌？

分析

① 如果顶家出 2，地主出 X，顶家必须出 D，否则地主出 7774、2226，报单，剩 10，地主获胜。顶家用 D 压制后出 8885，地主 PASS。顶家再出 AAA6，报单，剩 10，地主 2224 压制，再出 7776，报单，剩 10，下家手里无三带接牌，地主获胜。

② 如果顶家出 2，地主出 X，顶家出 D 压制后出单，地主出 2，剩下 221077764，地主出 6 再出 2，出 10 再出 2，剩下 7774，由于农民无炸，地主获胜。

③ 如果顶家不出 2，地主出牌。地主 10，下家出 Q，地主出 X，顶家出 D 压制，剩下 2AAA1088876，顶家出 6，地主手里牌为 22277764，地主下 2。如果地主再出 7774，剩下 226，顶家接 8887，剩下 2AAA10，地主输牌。如果地主出 2 后再出 4，顶家出 2，再出 8887、AAA10 收尾，地主输牌。

④ 如果顶家不出 2，地主出牌。地主出 7774，顶家 888 不接，地主再出 2226、10，报单，剩 X，下家过 Q，顶家出 D 拦截，之后出 88 传牌，地主 PASS，下家 99 接牌，之后出 76543，报单，剩 K，地主输牌。

第三型

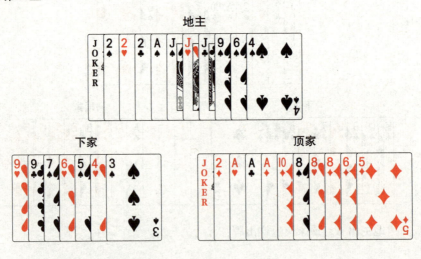

地主出 A，顶家应怎样出牌？

分析

① 如果顶家出 2，地主出 X 压制，剩下 222JJJ964，顶家出 D。顶家出 8886，地主出 JJJ4，顶家出 AAA7，报单，剩 10，地主接 2226，报单，剩 9，地主获胜。

② 如果顶家出 2，地主出 X 压制，顶家出 D 压制。顶家出单，地主出 2，剩下 22JJJ964，地主出 4 再出 2，出 6 再出 2，剩 JJJ9，地主获胜。

③ 如果顶家出 2，地主出 X 压制，顶家出 D 压制。顶家出 88，手里剩 AAA10876，地主 PASS，下家接 99，地主分 JJ 接牌，剩下 222J964，下家必须出 AA 压，否则地主出单获胜。下家出 AA 后剩下 A10876，出 7，地主过 9 后出 2，剩下 22J64，地主再出单获胜。

④ 如果顶家不出 2，地主出 JJJ4，顶家接 AAA5，地主接 2226，剩下 X9，之后地主出 9，报单，剩 X，顶家出 D 拦截，再出 88 送到下家上手，地主输牌。

⑤ 如果顶家不出 2，地主出 9，顶家过 10，地主出 X，剩下 222JJJ64，顶家出 D，剩下 2AAA88865，顶家出 6，地主出 2，剩下 22JJJ64，地主输牌。如果顶家出 6 时，地主分 J，剩下 222JJ64，顶家出 2，之后出 8885 或者 888，地主都会输。如果顶家出 6 时，地主 PASS，顶家出 888，剩下 2AAA5，地主必须用 JJJ 接住，否则顶家出 2，剩下 AAA5，地主输牌。但是地主用 JJJ 接牌时，顶家接 AAA，剩下 25，地主最后也会输牌。

结论

熟练掌握 222 的运用，有利于控制牌局。

例 34

地主手里牌为 X22 加一对一单，顶家手里还有 D22AA 等大牌，顶家出 A 顶地主，地主直接出 X，顶家 D 是否压制地主的 X？

第一型

地主

下家　　　　　　　　顶家

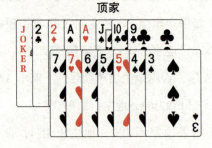

顶家出 A，地主出 X，顶家应怎样出牌？

分析

① 如果顶家用 D 压制地主的 X，之后出单，地主过 K，剩下 22QQ，单双不过，地主获胜。如果顶家出对，地主过 QQ，剩下 22K，同样单双不过，地主获胜。

② 如果顶家的 D 不压地主的 X，地主出 QQ，顶家出 22 封住，再出单，地主过 K，剩下 22，顶家出 A，地主出 2，报单，剩 2，顶家出 D 压制，之后出 55，下家出对接住，手里全是对子，地主输牌。

第二型

地主

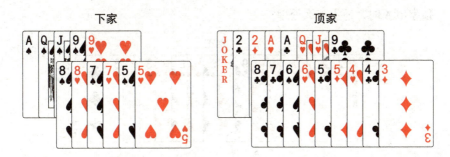

顶家出 A，地主出 X，顶家应怎样出牌？

分析

① 如果顶家的 D 不压地主的 X，地主出 33，剩下 224，顶家必须用 22 封住。之后顶家出单，地主出 2，顶家 PASS。地主出 4，报单，剩 2，下家过 J，剩下 AQ99887755，顶家出 D 拦截，之后出 44 传牌，由于下家手里有多余单牌，地主获胜。

② 如果顶家出 D 压制地主的 X，之后出单，地主只能出 2，剩下 2433，地主出 33，下家接 55，再出 J，顶家出 2，之后出 44，地主 PASS，下家接 77，手里剩下 AQ9988。下家再出 Q，顶家再出 2 拦截，顶家出 55，下家接 88，之后再出 99，报单，剩 A，地主输牌。

结论

以上案例说明，当地主手里为 X22 加一单一对，地主直接出 X，顶家手里有 D22 的大牌时，需要判断地主一单一对的大小。

① 如果单和对都是大牌，那么顶家的 D 不需要压地主的 X。即便顶家压制了地主的牌，地主也会过，最后以 22 控制（第一型）。

② 如果地主手中的单牌和对子都很小，则顶家出 D 压制，可以让下家多过一张牌（第二型）。

地主的牌为 X22AA109976666333，农民手中有 D，且存在有炸的可能。当顶家出 A 时，地主怎么处理？

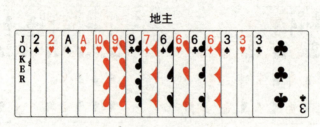

分析

如果 333 是三带里面的止张，那么，地主可以直接出 X，保持在对子上的控制。但如直接出 X，农民有可能会出 D 压制。当下家的牌是 D22KKQQ77554444 的牌型时，如果地主分 2，下家可以用 D 压制地主的 2，再出对子，地主将失去控制。

♣ 例 36

顶家的牌为 2AAJ77，地主手里可能有 DX2QQ 等牌。当地主出 88 时，下家没接，顶家是否出 AA 压制？

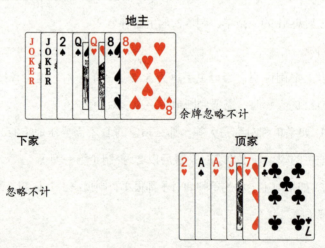

地主出 88，现在轮到顶家出牌。

分析

顶家可以先 PASS，让地主出牌。如果顶家出 AA 压制，之后无论出单还是出对，地主都可以控制。如地主为 DX2QQ101099433 的牌型，下家手中为 KKK76 的牌型，地主若出单，顶家可出 2；地主若出对，顶家过 77 后再上 AA，最后出 2，报单，剩 J。

♣ 例 37

地主手中为 D22AAKK3，外面还有 X22，顶家出 A，地主该如何处理？

第一型

顶家出 A，地主应怎样出牌？

分析

① 如果地主 PASS，顶家出 4 再出 X，剩下 22QQ，地主输牌。

② 如果地主直接出 D，之后再出 KK，顶家出 22 封住，剩下 XQQ4。之后顶家出 4 再出 X，报双，剩 QQ，地主输牌。

③ 如果地主分 2，顶家出 X 压制，地主出 D 压制，再出 KK、3，剩下 2AA，如顶家不出 2，地主出 2 获胜。如顶家出 2，地主手中的 2AA 单双不过，地主获胜。

第二型

顶家分 A，地主应怎样出牌？

分析

① 如果地主 PASS，顶家再出 3，地主出 A，顶家出 2，剩下 X2AKK76543，顶家出 A，地主如不分 2，顶家出 76543，再出 2、KK，报单，剩 X，地主输牌。如果顶家第二次出 A 时，地主分 2，剩下 D2AKK3，顶家剩下 X2KK76543，顶家出连牌或 KK 或 2，都可以获胜。

② 如果地主分 2，顶家出 X 压制，地主出 D 压制，再出 KK、3、2，最后报双，剩 AA，获胜。

结论

对于此类牌型，笔者建议先分 2，然后视情况决定是否用 D 压制 X。

例 38

地主剩下 22AAQQJ1010，外面有 D2AAKKK 等大牌，顶家出 QQ，地主是否出 AA 压制？

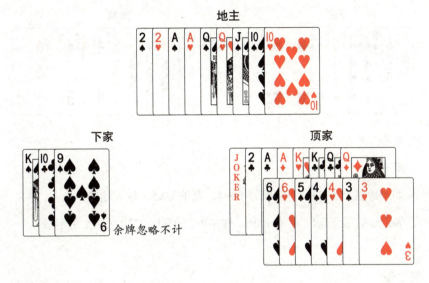

分析

① 顶家出 QQ，如果地主出 AA 压制，再出 1010，顶家出 KK，地主 PASS。顶家再出 5，地主过 J，剩下 22QQ，下家出 K，地主分 2，顶家 PASS，地主出 QQ，报单，剩 2，顶家出 AA 压制后出对子，最后出 X，报单，剩 2，地主输牌。

② 如果地主 PASS，顶家只能出单，地主过 J，剩下 22AAQQ1010，下家顶 K，地主分 A，顶家出 2。顶家再出单，地主出 A，剩下 22QQ1010，顶家必须用 D 压制。之后如顶家再出单，地主分 Q 获胜。如顶家出对，地主过 QQ 获胜。

例 39

地主剩下 222JJJ1096333，外面还有 DX2 未见。地主应该怎么出？

第一型

地主先出牌。

分析

① 如果地主出 6333，下家顺过 9994，剩下 DX5，地主输牌。

② 如果地主先出 JJJ6，下家 PASS。地主再出 9333、22210 摆尾，获胜。

第二型

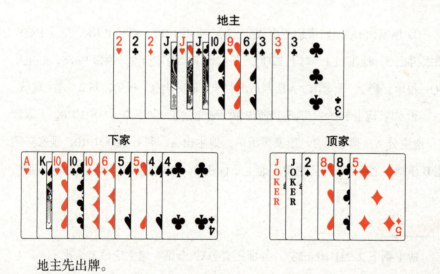

地主先出牌。

分析

① 如果地主先出 JJJ6，下家 PASS。顶家可以用 DX 炸掉地主的 JJJ6，剩下 2885，然后出 5，地主如果不出 2，顶家出 2，报双，剩 88，地主输牌。如果地主出 2，剩下 22109333，出 9333 被下家 1010106 接牌后，下家再出单，顶家出 2，报双，剩 88，地主同样输牌。

② 如果地主先出 6333，下家接 1010106，地主再出 JJJ9 收回，剩下 22210，地主获胜。

结论

地主经常会遇到此类情况。如何选择最合理的出法，需要根据全局出牌情况决定。如果可以确定有 DX 的一方农民手里没有三带，则先出 6333 更合理。如果有 DX 一方农民手里有三带，则可以考虑先出 JJJ6。

第四章 经典实战

经典实战是笔者搜罗斗地主顶尖高手一系列实战案例编写而成的,笔者将分析案例中高手的判断以及对布局的控制,来使读者对实战中的出牌技巧有更透彻的理解和认识。

经典实战 1

底牌

地主

下家

顶家

地主	下家	顶家
887766	QQJJ1010	—
—	8	Q
2	X	—
—	33	44
KK	—	—
9997	—	—
10	K	2
D		
J	A	
2	—	—
2		
AA（获胜）		

分析

① 地主首攻 887766（方向无误），被下家 QQJJ1010 接住（下家牌较差，接牌是理所当然的）。

② 下家拿到牌权后，出单牌 8。顶家出 Q，地主出 2（地主可以 PASS，让顶家出牌，毕竟地主单、双、三带都可以控制。分 2 将使自己单牌变多且失去对三带的控制），下家出 X 压制（下家手里无 2，地主存在多个 2 的可能性大，下家可以不急于压地主的 2）。

③ 下家出 33，地主 KK 上手后出 9997，外面均 PASS。

④ 地主继续出单，顶家出 2 被地主 D 压制，顶家失去上手机会，最后地主全面控制了局面，获胜！

点评

牌局中地主出第一个 2 时，下家急于用手里的 X 压制，也许是此牌局地主获胜的原因。若下家不急于压地主的 2，地主继续出单，顶家出 2（由于地主还有 55554444333 未见，为了预防被炸，地主很可能让顶家出牌，希望顶家出对，自己再上大对，最后才可以以单牌+D 的方式摆尾，减少挨炸的机会）。所以地主完全可以放顶家 2。顶家出 554433、AKQJ10987，最后报单，剩 5，地主输牌。虽然这只是一种假设，可的确只有这样农民才有机会获胜！

经典实战 2

 底牌

斗地主高手必胜攻略

地主：JOKER 2 2 A A K Q J J 9 7 7 6 5 5 4 4 3 3

下家：JOKER 2 A A K Q Q J 9 9 8 7 7 6 6 5 4 4

顶家：2 K K Q 10 10 10 9 8 8 8 6 5 4 3 3

地主	下家	顶家
554433	—	—
6	7	Q
K	—	2
X	D	—
—	6	9
Q	K	—
2	—	—
JJJ9	—	—
2	—	10101010
—	—	33
AA	—	—
77（获胜）		

分析

① 地主首攻 554433（反春意识），外面均不能接。

② 地主再出 6，经过几轮单牌比拼后，下家用 D 压制地主的 X 后上手。

③ 下家获得出牌权，继续出 6，又经过几轮单牌比拼后，地主出 2，获得出牌权。

④ 地主出 JJJ9，外面农民均 PASS。

⑤ 地主再出 2，剩下 4 张牌，下家 PASS。由于顶家不见 AAAA，而前面地主出 JJJ9 下家没有接，顶家判断地主牌型可能为 AAA，所以抛出自己手里的 10101010 炸了地主的 2，顶家获得出牌权。

⑥ 顶家炸的原因是判断地主手里剩下 AAA，而外面还有一个 2，所以选择出 33（怕出单牌后，地主出 A 把盟家的 2 顶下来，地主的 AA 就成为单双可控的大牌），地主接 AA，报双，农民均 PASS，地主获胜。

点评

牌局前阶段，双方出牌较为正常，均无明显的错误。当地主出 2 剩下四张牌时，顶家判断地主的牌为 AAA，所以抛出 10101010 炸地主。笔者认为顶家考虑不周。如果顶家能清楚地回顾前阶段的出牌情况——地主出 K 时，下家选择了 PASS，已说明下家手里有单 A 的可能性不大（除非下家有含 A 的连牌，但是顶家手里有四个 10，所以不存在这种可能），如此推理地主手里应该不是 AAA。那么，当时应该怎么判断地主手里的牌呢？第一，地主出 JJJ9，下家没有接，所以地主手里应该不存在单 A。第二，下家手中有四个 A 的可能性也不大，如果下家有 AAAA，地主出 2，剩下四张牌时，下家应该会考虑是否炸地主，而下家没有任何考虑，所以下家手里有 AAAA 的可能性也不大。第三，既然地主手里三个 A、单 A 和无 A 的情况都基本排除，那么，地主的牌只剩下两种可能，要么是 AA 加一对，要么是 AAAA，但是不管是前者或是后者，顶家都没有必要炸地主的 2。

经典实战 3

底牌

斗地主高手必胜攻略

地主	下家	顶家
88877743	—	—
5	9	2
—	—	66633
—	—	QJ1098
—	—	AA
22	—	—
99	KK	—
—	76543	—
—	5	Q
—	2	—
—	Q	—
X	—	—
Q	—	—
10	J	—
K	A	—
—	JJ	—
—	4	5
K	A（获胜）	

分析

①地主首攻 88877743（反春意识），外面无农民接牌。

②地主出单牌 5，下家顺过 9，顶家出 2 上手。

③顶家出 66633，地主 PASS。

④顶家出 QJ1098，地主 PASS。

⑤顶家出 AA（利用虚张声势的打法，其实手里还有 Q1054），地主见顶家来势凶猛，有点招架不住，于是用 22 压制 AA（忍功欠缺），地主拿到出牌权，手里牌剩下 DXKKQ101099。

⑥地主出 99，下家出 KK 拦截，地主 PASS。

⑦下家出 76543，地主 PASS。

⑧下家继续出 5，顶家出 Q，继续把地主往死里顶，地主这时没上当，没有理会。下家用 2 接牌（手里剩下 AAQJJJ4），地主不动，选择 PASS。

⑨下家出 Q（算准地主如果再 PASS，自己再出 JJJ4，报双，剩 AA，地主再没有反抗余地）。地主见此局势，只好分王出 X（剩下 DKKQ1010）。

⑩地主出 Q，目的是把外面 AA 分散，自己再出 D，然后出 1010，用 KK 摆尾，但是下家没有上当，选择 PASS。

⑪地主见 A 没有出现，判断 AA 成双，所以只好分 10（剩下 DKK10），下家也跟着地主分 J（剩下 AAJJ4），地主只好分 K，下家继续跟着分 A，地主 PASS。

⑫这时下家已经很清楚地主手里剩下 DK10，所以先出多余张 JJ，地主 PASS。

⑬下家再出 4，报单，剩 A，由于地主必须过一个 K，下家 A 出完，地主输牌。

点评

以上是笔者在游戏里旁观收集到的一个真实案例。笔者认为该局案例中顶家合理运用了虚张声势的打法，使得地主忍耐防线崩溃，结果一把好牌却被农民打败。另外，案例中下家也起到了关键的作用，例如用2接顶家的Q，直逼地主分王（其实地主可以先分K再分王，最后亦可获胜），之后AA不分，保持对对子的控制，当地主分10时跟着分J，地主分K时跟着分A等，都充分体现了下家高超的牌技。

经典实战4

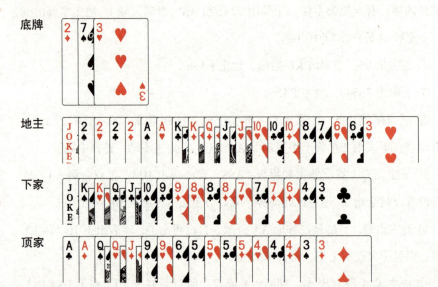

地主	下家	顶家
8	9	J
Q	K	—
D	—	—
66	—	99
JJ	—	QQ
KK	—	AA
—	—	44433

续 表

地主	下家	顶家
AA101010	—	5555
—	—	6（获胜）

分析

① 地主首攻 8。经过单牌比拼后，下家出 K，地主直接上 D（希望农民 AA 分家，自己出 D 后再出对，用 AA 能收回）。

② 第二轮地主出 66，顶家过 99，地主出 JJ，顶家出 QQ，地主出 KK（手里剩下 2222AA10101073），顶家出 AA（手里牌为 6555544433）。顶家得到出牌权。

③ 顶家出 44433，剩下五张牌，地主手里虽有 101010，但是只能带对子 AA，地主出 AA101010，剩下六张牌。下家 PASS，顶家抛出 5555 炸了地主，报单（顶家判断地主手里牌为 2222+ 两单，理由是地主 101010 带的是 AA，加上前一轮顶家出 QQ 时，地主没有直接上 AA，所以即便地主是 2222 也应该还有两张单牌）。果然不出意料，地主手里的确是 222273，地主 PASS，顶家 6 脱手。

点评

该案例中地主有一个明显的错误，即顶家出 QQ 后，地主没有直接出 AA，而是选择出 KK，被顶家 AA 压制上手，从而失去了对牌局的控制。如果地主在顶家出 QQ 时直接出 AA，手里剩下 2222KK10101073，而顶家手里 AA6555544433。接下来有两种情况。第一，顶家用 5555 炸地主 AA，地主 PASS。接下来不管顶家出 33、44433、6 还是 AA，地主都将获胜。第二，顶家不炸，地主再出 1010103，剩下 2222KK7，顶家要想挽回局面就必须动用 5555，不然地主再出 KK，剩下 22227，农民没有任何反抗余地。即便顶家抛出 5555 炸掉地主的 1010103，顶家剩下 AA644433，顶家只能出 6444 才有可能让地主输牌。否则，出 6 或者 AA，都将是给地主锦上添花。

经典实战5

底牌

地主

下家

顶家

地主	下家	顶家
876543	—	—
87654	—	—
7	8	K
—	A	—
—	5	J
K	2	—
—	44	22
—	—	8
10	J	—
A	—	2
—	—	QQ
—	KK	—

续　表

地主	下家	顶家
—	1010103	—
DX	—	—
A	9999（获胜）	

分析

① 地主首攻 876543（试探外面有没有 9999 成炸的可能），农民均没有接。

② 地主再出 87654（继续试探 9999 的情况），农民均 PASS。

③ 地主出单牌 7，下家顺过 8，顶家顶 K，地主 PASS，下家用 A 接牌。

④ 下家继续出单，地主过 K，下家出 2 上手。

⑤ 下家改变了出法，出对 44。由于顶家手里有 222，加上下家出过一个 2，地主手里无 2 却拿了底牌，由此判断地主手里有 DX 的可能性很大。现在地主剩下七张牌，而前面下家出过单 A，自己手里有单 A，地主手里很可能存在 AA，所以顶家上 22 拦截地主。

⑥ 顶家上手后，改变出法，出单 8，地主过 10，剩下六张牌，下家过 J，地主分 A，顶家出 2 压制，现在地主剩下五张牌，除去 DX 还有 3 张，其中有一个 A，另外两张很可能是一对牌。顶家如出单，地主将过 A，所以顶家只能选择出对传给下家，但是目前顶家手里除了 QQQQ，只有 66 和 33，如果出 66，地主很可能过掉手里的对子，剩下 DXA，顶家迫不得已选择分 QQQQ 出 QQ，希望下家用大对子接过去，地主 PASS，下家果然用 KK 接过去（手里还有 10101099993），下家再出 1010103，剩下四张牌。此时地主手里为 DXAJJ，A 已是大牌，怕下家三带偷跑便抛出 DX，再出 A，报双，剩 JJ，哪料到下家 9999 脱手，地主输牌。

点评

如果用"经典实战"来形容此案例，笔者认为一点都不夸张！尤其是顶

家在该案例中的表现已近"出神入化"。纵观全局,顶家合理运用了牺牲打法,即用22及时拦截地主的AA,之后把自己手里的QQQQ分为QQ,作为传牌传给下家上手等,是该局牌获胜的关键。相反,此案例中地主最后输两炸的原因是对牌分析不到位。下家出1010103剩下4张牌时,地主完全没有必要炸掉下家,而是应该让下家出牌。因为从当时地主手里的牌可以分析到外面除了四个9以外,别无其他三带的可能。而如果下家是999,那完全可以101010999一起出完,没有必要先出1010103,由此推断下家手里有可能是9999,即便没有999,地主也完全可以让下家继续出,这样就避免了输两炸的可能性,把损失减少一半。

经典实战 6

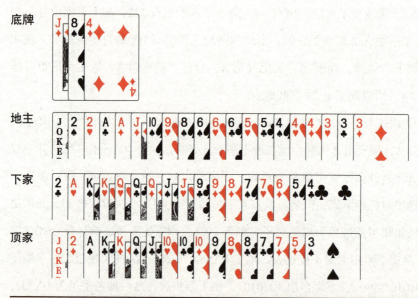

地主	下家	顶家
98444333	—	—
55	KK	—
AA	—	—

续 表

地主	下家	顶家
10666	QQQ7	—
—	JJ	—
22	—	—
J	A	D
—	—	77
—	99	—
—	87654	—
—	2（获胜）	—

分析

①地主先出 98444333（反春意识），外面均 PASS。

②地主出 55，下家出 KK，地主 AA 上手（手里牌为 X22J10666）。

③地主再出 10666（这种出法如被外面接住，就略显被动），下家 QQQ7 接住（手里还有 2AJJ9987654），下家获得出牌权。

④下家见地主剩下四张牌，所以出 JJ，直接被地主 22 压制。

⑤地主出 J，报单，剩 X，下家过 A，顶家用 D 拦截。

⑥顶家出 77，希望下家能接过去，因为顶家手里还有多余的单牌。地主 PASS，下家用 99 接住。

⑦下家出 87654，报单，地主输牌。

点评

此案例中，地主急于出 22 是最后输掉牌局的关键！下家出 JJ 后，手里剩下 2A9987654，如果地主不压下家的 JJ，下家出牌后，不管怎样都要出单 A 或者 2，这样地主直接出 X，剩下 22J，单双均可控制，地主最后获胜。另外，当地主 AA 上手剩下 X22J10666 后，地主选择出 10666 不妥。如果地主出 J，直接出 X，剩下 2210666，也一样获胜。

经典实战 7

底牌：Q♥ 5♣ 4♣

地主：JOKER 2♠ A♠ A♣ Q♣ Q♦ J♣ 10♥ 10♦ 10♣ 8♠ 6♥ 6♦ 6♣ 5♠ 4♠ 3♠

下家：JOKER 2♥ 2♦ A♦ K♠ K♥ K♣ J♠ J♦ 10♠ 9♦ 8♦ 7♠ 7♣ 5♣ 3♥

顶家：2♦ Q♠ J♥ 9♠ 9♣ 9♥ 8♣ 8♥ 7♥ 7♦ 5♥ 5♦ 4♥ 4♦ 4♣ 3♣ 3♦

地主	下家	顶家
J	A	—
2	—	—
1010103	—	—
QQQ4	—	—
AAA5	—	—
8	D	—
—	JJ	—
—	22	—
6666	KKKK	—
—	77	88
—	—	33
—	—	55
—	—	77

续 表

地主	下家	顶家
—	—	J444
—	—	Q999
—	—	2（获胜）

分析

① 地主首攻单 J，下家出 A，地主出 2，获得出牌权。

② 地主出 1010103、QQQ4、AAA5，外面均 PASS。

③ 地主手里剩下 X86666，地主出 8，此时地主的意图较明显，过 X 便剩下裸炸，但是如果地主过不了 X，就不敢轻易乱炸。而下家手里有 KKKK 炸和 D，所以下家用 D 拦截地主，地主 PASS。下家获得出牌权。

④ 由于地主只要过 X 便剩下 6666，所以下家选择出 JJ（因为下家手里只剩下 22、JJ、77 的对子，如果先出 77，顶家接牌后地主再炸，下家 KKKK 再炸，之后再出对 JJ，顶家无法接起，所以下家先出 JJ，目的是想引地主炸了，然后自己 KKKK 再炸，用 77 传牌给顶家），顶家手里最大的对子为 88，所以顶家 PASS，地主 PASS。

⑤ 下家继续出 22，手里剩下 KKKK10987753（逼地主出炸，如果地主再不炸，等下家出 77 后地主再炸，那么，下家手里已经无对子传送，下家的 KKKK 就不敢动了），地主没有抵制住诱惑，用 6666 炸掉下家，报单，剩 X。而下家也不甘示弱，用 KKKK 反炸地主的 6666，地主 PASS。

⑥ 下家再出 77，顶家现在已是风雨无阻，用 88 接住后，先出对子，之后三带一路狂飙，最后报单，剩 2，地主输牌。

点评

此局牌地主最后输两炸，笔者认为主要原因有两点。第一，下家技术运用合理，正确地出 D 拦截地主，防止地主过 X 剩裸炸。另外，下家 D 上手后，懂得先出大对子 JJ、22，逼地主动用炸弹，而留小对子做传递也是该局牌获胜的关键！第二，地主忍让不到位，主要体现在急于用6666炸下家的22。如果地主能再忍一忍，让下家出77后再动用6666炸，这样地主最后不但不输炸，反而赢一炸。此案例突显了忍让的重要性，也说明想要达到高手的境界，就必须要先学会合理忍让。

经典实战8

底牌

地主

下家

顶家

地主	下家	顶家
6	7	A
2	—	—
55	KK	—
AA	—	—
8777	—	1010105
QJJJ	—	DX
—	—	33
—	—	66

续 表

地主	下家	顶家
—	—	888
—	—	QQ
4444	9999	—
—	3	2（获胜）

分析

① 地主首攻单牌 6（虽然手里有两手三带，但是小对只有 55，整体牌型算不上好，所以地主选择出最小的单牌 6，但笔者觉得出 8 更合理），顶家顶大单牌 A，地主 2 上手。

② 地主变换出牌方式，出 55，下家出 KK，地主 AA 上手。

③ 地主出三带单 8777，顶家接 1010105，地主用 QJJJ 收回（剩下 2K4444），下家考虑了一番选择 PASS，顶家见地主剩下六张牌，外面 4444、9999 一直未现，如果自己 DX 不炸，让地主四带二偷跑，所以抛出 DX 炸了地主。

④ 顶家判断地主手里有一炸加两单，所以选择出对。果然不出意料，出 33、66 地主和下家均 PASS。

⑤ 顶家见前面出 33 地主没有接，更加坚定了之前的判断，把地主手里的牌锁定为一炸加两单。顶家继续出 888 不带、QQ，报单，剩 2。地主经过一番考虑，最终没有抵制住诱惑，抛出 4444，剩下 2K，下家也抛出 9999 反炸地主，之后出 3，顶家过 2 出完，地主输三炸。

点评

笔者觉得牌局中地主有些欠考虑，导致最后输三炸的结果。如果地主当时能多回想一下前阶段的出牌情况，会发现顶家最后要报的单牌是 2。这是因为牌局中地主出 AA 时，外面无 22 压制，此时地主就应该有一种意识，那就是外面 22 很可能分家，而牌局中顶家一直没有现 2。由此推断顶家最后报的牌是 2 而不是 9，所以完全没有必要赌顶家报单，剩 9，这样地主自然就不会抛出自己手里的 4444 炸顶家，最后失分也将大大减少。

经典实战 9

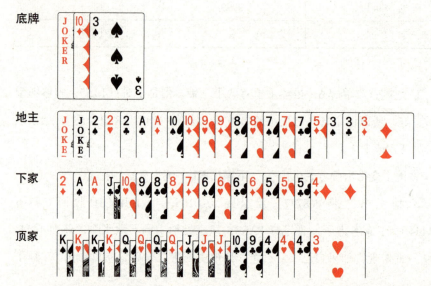

地主	下家	顶家
1010998877	—	QQQQ
—	—	4443
2225	—	KKKK
—	—	JJJ9
—	—	10（获胜）

分析

① 抓起底牌 D103，地主惊喜地看了下牌型：这应该可以打春天带炸了！地主选择先出 1010998877（如果外面接不起，地主再出 AA、2225、DX、7333，春天带炸），下家选择了 PASS，顶家琢磨了一下抛出 QQQQ，地主心想这牌你也敢炸，我让你出！地主选择了 PASS，顶家获得出牌权。

② 顶家出 4443。地主直接用 2225 压制（认为顶家的牌正打到自己的手里）下家继续 PASS。顶家抛出 KKKK（手里牌为 JJJ109），地主见 6 还未出现，所以也 PASS。

③ 顶家出 JJJ9，报单。地主见顶家已经带 9，由此推断顶家手里报牌应该大于 9，而 6666 一直未现，地主只能忍气吞声快速 PASS（希望下家 6666 炸出来，自己再 DX 反炸，之后出 AA，报三带，剩 7333）。不料下家并没有使出 6666，而是 PASS！

④ 顶家出 10 脱手，地主输牌。

点评

这局牌底牌起得很不错，不出意外地主应该是可以打农民春天带炸！但谁也没想到反被农民两炸而且最后输了此局，地主的确有点郁闷。不过话要说回来，抓起底牌后，地主手里缺 K、Q、J、6、5，外面农民成炸的概率的确很大。单从地主的首攻上来看，还真找不到问题，只能说这局农民的牌太绝了。但如果要说这局牌地主怎么能赢，那地主只能先出 AA。若是先出 AA，顶家不一定会炸地主。这样地主再出 1010998877，剩下 DX22275333，顶家炸地主，再出 4443，地主过 2225，剩下 DX7333，顶家炸地主 2225，地主至少赢两炸。

经典实战 10

底牌

地主

下家 2 A K Q J 10 10 9 8 8 5 5 4 3 3

顶家 JOKER A A K K Q 10 9 8 8 7 7 7 7 6 5 3

地主	下家	顶家
5444	—	—
99666	—	—
KJJJ	—	—
A	2	—
X	—	D
—	—	KK
—	—	AA
22		
QQ		7777
		88
	1010	
	4333	
	55	
	AKQJ109	
	88（获胜）	

分析

①地主首攻 5444，外面均 PASS。

②地主再出 99666、KJJJ，外面均 PASS。

③地主手里剩下 X222AQQ，无法打农民春天，所以只能出 A，下家出 2，地主出 X，剩下五张牌，顶家见地主已无单牌（地主已用 JJJ 带 K），如果

PASS，地主将 222 带对出完，所以用 D 压制地主的 X，顶家获得出牌权。

④ 既然判断地主手里为 222 加一对，如果顶家出单，地主出 2 再出一对报双，剩 22，单双不过，顶家不敢炸。所以顶家只能先把地主的 222 打散，后面才有机会使出 7777。顶家现在手里牌为 AAKKQ109887777653，只能先出大对子打散地主的 222，不然先出 88 等，没有对子传下家，所以顶家先出 KK，地主 PASS（外面还有牌未见，希望等顶家出单，自己再出 2，防止报单输牌，所以 22 没有压）。

⑤ 顶家继续出 AA，地主终于忍不住用 22 压制地主的 AA，顶家 PASS。

⑥ 地主出 QQ，报单，下家 PASS，顶家使出 7777 炸掉地主。

⑦ 顶家再出 88 传下家，希望下家接过去。地主 PASS，下家用 1010 接牌。

⑧ 之后下家一路狂飙，4443、55、AKQJ109、88 出完。

点评

此案例中，地主急于出 22 压地主 AA 是最后输炸的原因。如果地主再忍一手，22 不压 AA。顶家只能出 88，等下家接牌，地主再出 QQ，报 222，由于 QQ 直逼 7777，而顶家手里虽然有 7777，也不敢炸出来，地主 222 脱手。

经典实战 11

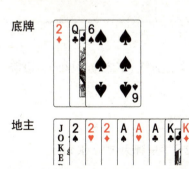

顶家 2♠ K♣ Q♣ Q♦ Q♥ J♣ 10♦ 9♦ 9♥ 8♣ 8♦ 7♣ 7♦ 5♠ 4♥ 4♦ 3♦

地主	下家	顶家
87654	J10987	—
AKQJ10	—	—
6	A	—
2	—	—
10	K	—
2	—	—
4	9	K
X	—	—
K	—	2
—	—	3
2	D	—
—	3	J
A	—	—
A（获胜）		

分析

① 地主首攻87654（手里无9，试探9是否成炸），下家接J10987，顶家PASS，地主用AKQJ10收回。

② 地主出单牌6，下家直接出A，地主2上手。

③ 地主再出10，下家出K，地主继续出2（手里牌为X2AAK4）。

④ 地主再出4，下家顺过J，顶家顶K，地主直接出X（手里牌为2AAK）。

⑤ 地主再出K，下家PASS，顶家出2。

⑥ 由于下家手里有 D，顶家继续出单牌 3，地主出 2，剩下 AA，下家出 D 压制。

⑦ 地主手里剩下 AA，单双都可以控制。下家出 3，顶家出 J，地主分 A，报单，剩 A，外面均 PASS。

⑧ 地主 A 出完。

点评

虽然地主最后获胜，但是笔者认为地主在此局牌中有一个出法错误，即顶家出 K 时，地主直接出 X。如果地主出 X，外面 D 不压，地主再出 K，外面农民出 2 压制，上手后可以多出一个单牌，假设下家手里牌为 D2108，地主出 K，下家出 2 再出 10，之后用 D 收回，报单，剩 8，地主输牌。但如果地主不出 X，而是先出 2，剩下 XAAK，地主再出 K，假设下家牌为 D2108，下家出 2，地主出 X，报双，剩 AA，单双不过。虽然这只是一种假设，但希望读者能明白其中的道理。再遇到此类情况时，就会有正确的出法！

经典实战 12

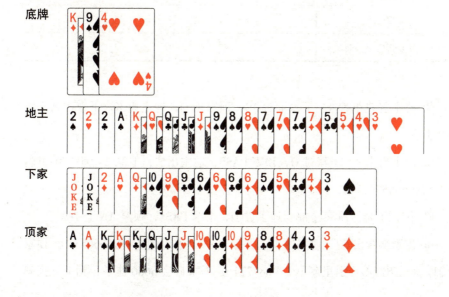

地主	下家	顶家
4	10	Q
K	A	—
2	—	—
3	Q	—
A	2	—
—	44	88
JJ	—	AA
—	—	33
55	99	JJ
QQ	6666	
7777	—	
2		
88	DX	
—	3	K
2	—	
9（获胜）		

分析

① 地主首攻单牌 4，下家顺过 10，顶家顶 Q，地主出 K，下家出 A，地主 2 上手。

② 地主再出 3，下家过 Q，顶家 PASS，地主出 A，下家 2 上手（手里剩下 DX99666655443）。

③ 下家出 44，顶家过 88，地主过 JJ，下家 PASS，顶家 AA 上手。

④ 顶家继续出 33，地主过 55，下家过 99（手里剩下 DX6666553），顶家出 JJ，地主出 QQ（手里剩下 229887777），下家直接 6666 炸了，剩下五张牌

（DX553）。此时地主判断下家手里有 DX+ 单 + 对，如果自己不使用 7777 反炸下家 6666，下家出一对，剩下 DX+ 单，地主将会输两炸。地主考虑了几秒抛出 7777 反炸下家 6666，外面均 PASS。

⑤ 地主现在剩下 22988，如果出 88，下家可以过一对。就算下家过不了对，但只要地主出 22，报单，剩 9，也将被下家 DX 炸。所以地主先出一个 2，让下家去选择怎么处理。地主出 2，剩下四张牌，下家琢磨了一阵，选择了 PASS（地主手里到底还有没有 2，下家现在很不明确，但最后还是选择 PASS，赌地主手里还有 2）。

⑥ 地主出 88，现在下家手握 DX 却很棘手（之前已经赌地主有 2，但又担心地主报双，剩 KK，如果 DX 不炸地主，顶家手里无对子拦截 KK，如果 DX 炸了出单，若顶家手里有 2 可以控制）。经过一番考虑后，下家抛出 DX 炸掉，然后出 3，剩下 55，顶家上 K，不料地主上 2 报单。地主最后赢三炸。

点评

此局牌是经典的案例。牌局中，地主准确、及时反炸下家 6666，之后又灵活地利用欺骗打法，采取先出 2 再出 88，剩 29，成功把下家 DX 骗出来，使自己最后赢三炸。另外，下家用 6666 炸地主的 QQ 也是最后输三炸的关键，如果不炸地主 QQ，顶家手里 KKK 还可以接牌，即使顶家 KKK 不分，地主剩下 229887777 继续出牌，等地主出 88 再 22 收回剩下 97777，下家再用 6666 炸地主，那么，最后地主至少输两炸。

经典实战 13

底牌

地主　JOKER 2♠ 2♥ 2♣ A♦ A♠ K♥ K♦ K♠ J♣ J♠ 7♥ 7♠ 7♣ 6♥ 6♣ 6♠ 4♠ 3♣ 3♠ ♥

下家　A♠ A♣ K♣ 10♦ 10♠ 10♣ 9♥ 9♥ 8♦ 7♦ 6♦ 5♦ 5♥ 4♣ 4♣ 3♦ 3♦

顶家　JOKER 2♣ Q♠ Q♦ Q♣ Q♥ J♦ J♥ 10♥ 9♥ 9♠ 8♥ 8♣ 8♥ 5♣ 5♦ 4♠ ♠

地主	下家	顶家
JJ77766633	—	—
KKK4	—	—
222AA	—	QQQQ
—	—	55
—	1010	—
—	9	D
—	—	99
—	AA	—
—	554433	—
—	109876	—
—	K（获胜）	—

分析

① 地主首攻 JJ77766633（有赌春天的想法），外面均 PASS。

② 地主继续出 KKK4，外面均 PASS。

③ 现在地主剩下 X222AA，地主选择出 222AA，报单，剩 X，下家 PASS，顶家 QQQQ 炸掉地主。

④ 由于地主报单，所以顶家出 55，地主 PASS，下家 1010 接住。

⑤ 下家见顶家没有接回去，判断顶家对子不能出完，而下家手里还有 K、9 两个单牌，必须出一个单牌，唯一的希望就是 D 在顶家手中，顶家下 D 拦截自己的单牌，再出对子传递给自己。所以下家出 9，顶家果然手里有 D，出 D 拦截。

⑥ 顶家再出 99 传递，下家用 AA 接牌。

⑦ 下家上手出 554433。

⑧ 下家出 109876，报单，剩 9，地主最后输牌。

点评

该局牌地主最后阶段在选择出牌方式上出现了问题，这是导致最后春天没打成反而输一炸的原因，即当地主手里牌仅剩 X222AA 时，选择出 222AA，报单。如果地主换一种方式出牌，出 AA，剩 X222（此出法同样赌春天），最后的结果将完全不一样的。假设地主出 AA、顶家使出 QQQQ 炸掉地主，轮到顶家出牌（顶家手里还有多余的单），只能出对传下家，地主可以先不接，让下家接。而下家手里还有 K 和 9 的单牌，所以接牌后必须出单，这样地主再出 2，剩下 X22，地主最后获胜。

笔者最后的建议是，如作地主，最后剩下 X222AA 时，多数情况都应该出 AA 报 X222。当然这样出也存在一定的弊端，但如果你不能判断农民手里剩余的牌，那就按照这种方法出牌，相信多数情况都会是正确的选择。

经典实战 14

底牌

地主	下家	顶家
8	2	—
—	554433	—
887766	—	—
5	2	—
D		
4	A	—
2	—	—
K		
AA		
KQJ109		AKQJ10
—	—	76543
—	J10987	
	QQ	
—	K（获胜）	

分析

① 地主先出单牌 8，由于下家牌较整齐，下家直接出 2，地主选择 PASS。

② 下家出 554433，地主手里正好有 887766，地主重新获得出牌权。

③ 地主出单牌 5，下家继续出 2。地主怕下家上手一手出完，所以出 D 压制，外面均 PASS。

④ 地主出单牌 4，下家真是咄咄逼人，直接出 A，但地主绝不会让下家上手，所以再用 2 压制，而顶家继续按兵不动，没有出 X 压制。地主继续出牌。

⑤ 现在地主手里的牌为 2AAKKQJ109，地主出 K。下家 PASS，顶家也没有出 A 压制，选择 PASS。

⑥ 地主出 AA，外面 PASS。

⑦ 地主出 KQJ109，报单，剩 2，下家 PASS，顶家 AKQJ10 接住，地主 PASS。

⑧ 顶家出 76543，地主 PASS，下家接 J10987（手里剩下 KQQ）。

⑨ 下家出 QQ，报单，剩 K，地主输牌。

点评

该案例前阶段看不出明显问题，但最后阶段地主剩下 2AAKQJ109 时，选择先出 AA，再出 KQJ109 报单的打法，导致最后输掉此局牌。如果地主直接出 2，剩下 AAKQJ109，顶家 D 不压，地主再出 AA，用 KQJ109 摆尾或者出 AKQJ109，报单，剩 A，地主都将获胜。如果顶家 D 压制地主的 2，地主剩下 AAKQJ109，单双连牌都可以控制，地主最后也将获胜。

经典实战 15

底牌

地主

斗地主高手必胜攻略

下家牌：JOKER 2 A K J 10 10 8 8 7 7 5 4 4 4 3 3

顶家牌：2 2 A Q Q J 10 9 8 8 7 7 6 5 5 5 4

地主	下家	顶家
33	—	55
JJ	—	QQ
AA	—	22
—	—	87654
—	—	J10987
—	—	A（获胜）

分析

① 地主首攻 33（地主手里有多个三带牌，33 完全可以被三带牌带上，所以出 33 是很错误的出法）。下家手里虽然有对，但自己牌不好，所以选择 PASS，让顶家过小对。顶家顺过 55，地主过 JJ，顶家过 QQ，地主出 AA，顶家用 22 压制（手里剩下 AJ1098877654），地主 PASS。

② 顶家出 87654，地主手里无连牌，只能 PASS。

③ 顶家出 J10987，报单，剩 A，地主输牌。

④ 顶家 A 脱手。

点评

此局案例中，地主首攻 33 让顶家顺过 55、QQ 是最后输牌的原因。地主原本手牌为 D2AAKKKQQJJ1099966633，由于手里有 KKK、999、666 的三带牌，所以 33 完全没有必要单独出，而是应被带在任意三带牌上出。笔者认为，地主可以直接出 AA，顶家手里虽然有 22，但由于 QQ、55 没有过掉，顶家出 22 压制也不能出完，这样地主手里对子有 QQJJ，单牌有 D2，三带牌有

KKK，无论顶家出什么牌，地主都将控盘，最后当然是获胜！

经典实战 16

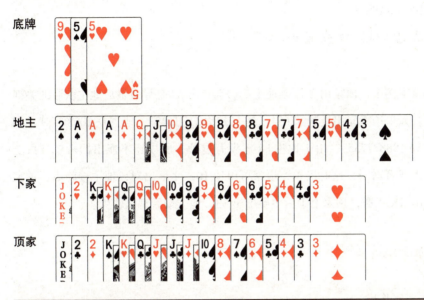

地主	下家	顶家
4	5	Q
2	—	X
—	—	33
88	99	KK
—	—	87654
QJ1098	—	—
AAAA93	—	—
77755（获胜）	—	—

分析

① 地主出单牌 4，下家过 5，顶家过 Q，地主出 2，顶家出 X 压制。

② 顶家出 33，地主过 88（应该过 55），下家出 99，顶家出 KK 上手。

③顶家出 87654，地主手里 QJ1098 刚好接上，外面均 PASS。

④现在地主手里剩下 AAAA7779553，如果出 777 或者出单和对子，只要农民接牌，地主就很被动，所以地主直接出四带二 AAAA93，剩下 77755，外面农民均 PASS。

⑤地主最后 77755 脱手。

点评

该案例中，顶家用 X 压制地主 2 后选择出 33 是导致最后地主获胜的关键因素。如果顶家先出连牌 87654，剩下 22KKQJJJ1033，地主 QJ1098 接牌，剩下 AAAA988777553，由于地主 88 还没有过掉，所以还不能出四带二，只能出单牌或者对子，这时出单，顶家可以顶 10，之后出对，地主接牌后，顶家直接出 KK 拦截，顶家上手后只要不出 33，地主最后都将输牌。

经典实战 17

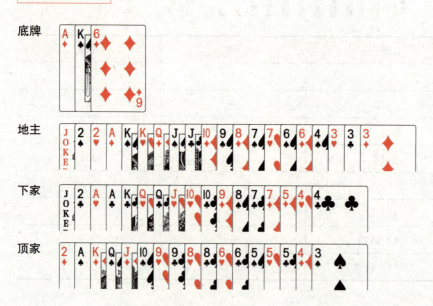

地主	下家	顶家
4	5	2
—	—	5553
—	—	AKQJ10
—	—	66
77	—	88
KK	AA	—
22	—	—
66333	—	—
QJ1098	KQJ109	—
—	44	99
—	—	4（获胜）

分析

①地主首攻选择出 4（笔者认为出 333 带单或带对好一些）。顶家直接上 2，地主 PASS。

②顶家出 5553，地主 PASS。

③顶家出 AKQJ10，手里剩下 9988664，地主 PASS。

④顶家出 66，地主过 77，下家没有出对挡顶家，选择 PASS，顶家顺过 88，剩下 994，地主出 KK，下家出 AA，地主用 22 压制，手里剩下 DAQJJ109866333。

⑤地主出 66333，外面均 PASS。

⑥地主再出 QJ1098，剩下 DAJ，下家手里刚好用 KQJ109 接住，地主 PASS。

⑦由于顶家剩下三张牌，下家出 44，顶家出 99，报单，地主手里已经无对，所以选择 PASS。

⑧ 顶家 4 出完。

点评

牌局中顶家出 88 时，地主剩下 D22AKKQJJ109866333，地主没有直接出 22 压而是选择出 KK 压制，导致最后输牌。笔者认为出 KK 意义不大，反而破坏了地主的连牌，导致连牌可以被下家接住。如果地主直接出 22 压制，剩下 DAKKQJJ109866333，之后出 66333，外面 PASS，地主再出 AKQJ1098，剩下 DKJ，地主再出 J，用 D 收回，报单，剩 K，地主最后获胜。

经典实战 18

底牌

地主

下家

顶家

地主	下家	顶家
554433	—	—
5	10	K
—	—	77
88	—	JJ
—	—	10

续　表

地主	下家	顶家
Q	—	K
X	—	—
AKQJ10	—	—
22	—	—
77（获胜）		

分析

①地主首攻 554433（反春意识），外面均 PASS。

②地主再出单牌 5，下家过 10，顶家分 KK，出单 K 顶牌，地主 PASS。

③顶家改变路线出对子 77，地主顺过 88，下家 PASS，顶家出 JJ，地主 PASS。

④顶家又改出单 10，地主过 Q（手里剩下 X22AKQJ1077），下家 PASS，顶家出 K，地主直接出 X。下家 PASS，顶家 PASS。

⑤地主剩下 22AKQJ1077，出 AKQJ10，外面均 PASS。

⑥地主出 22，报双，外面均 PASS。

⑦地主 77 出完。

点评

笔者认为顶家出第一张 K 顶地主后改出对子是导致地主获胜的关键。当时地主的牌为 X22AKQQJ108877，顶家出对子 77，使地主轻松过 88，之后顶家 JJ 上手，又改出单 10，地主又顺过 Q，之后直接出 X，剩下 22AKQJ1077，地主最后获胜！顶家应按照"主攻一线"的思路去执行打法，不随意改变攻击路线一直出单。如顶家出 K 后不出 77，而是先出 10，地主过 Q，剩下 X22AKQJ108877，顶家再出 K，地主直接出 X，下家 D 不压，地主出 77，下家出 22 拦截，下家再出单破地主的 22，地主分 2 剩下 2AKQJ1088，下家 D 不压，地主只能出 AKQJ10、88，报单，剩 2，这时顶家 JJ 接牌后出小对子，

下家 88 接牌，地主最后输牌。

经典实战 19

底牌: 2♦ 9♠ 3♦

地主: JOKER 2♠ 2♥ 2♣ A♠ K♦ Q♦ J♦ J♠ 10♦ 9♦ 9♥ 9♣ 8♠ 6♥ 6♠ 6♦ 3♠ 3♦

下家: A♠ K♠ K♣ Q♠ Q♣ J♣ J♦ 9♥ 8♥ 8♣ 7♠ 7♥ 7♣ 5♥ 4♥ 4♦

顶家: JOKER 2♣ A♥ A♣ K♣ Q♦ 10♦ 10♣ 10♠ 8♠ 7♠ 6♥ 5♥ 5♠ 4♣ 3♣

地主	下家	顶家
333	444	—
666	777	
999	—	101010
—	—	K
X	—	D
—	—	Q
2	—	—
8	9	2
—	—	876543
—	—	AA

续 表

地主	下家	顶家
22	—	—
AKQJ10	—	—
J（获胜）		

分析

① 地主出 333（手里单牌不多，所以选择三不带的牌，这样可以让农民接牌时少过一张单），下家跟着出 444，顶家 PASS，地主再出 666，下家继续跟着出 777，地主再出 999，下家手里已经无三带牌，所以 PASS，顶家用 101010 接牌，地主 PASS。

② 顶家手里剩下 D2AAKQ87655543，出 K，地主直接出 X，手里剩下 222AKQJJ108（希望农民 D 不压，再出 AKQJ10，最后出 2228，报单，剩 9），顶家用 D 压制。

③ 顶家手里剩下 2AAQ87655543，出 Q，地主出 2，剩下 22AKQJJ108，地主再出 8，下家顺过 9，顶家出 2 上手。

④ 顶家出 876543，剩下 AA55，地主 PASS。

⑤ 顶家出 AA，报双，剩 55，地主直接出 22 压制，外面均 PASS。

⑥ 地主出 AKQJ10，报单，剩 J，外面均 PASS。

⑦ 地主 J 脱手。

点评

此案例中，地主和顶家均出现错误。

地主的错误是当顶家出 K 时，地主手里剩下 X222AKQJJ108，地主没有先下 2 而是直接下 X，这种出法虽然可以控制外面三带一，但是同样存在弊端。地主没有考虑如果外面出 D 压制 X 再出对，那么地主只能用 22 压制，剩下 2AKQJJ108，因为外面还有 2，如果地主再出 8，外面出 2 再出对，地主最后很可能输牌。笔者认为顶家出 K 时，地主可以先出 2，再出 J，然后直接出 X，剩下 22AKQJ108（这样可以防止某家农民手里全是对子），不管 D 是否压地主的 X，地主最后都将获胜。

　　顶家的错误是当顶家出 D 压制地主 X 后，手里牌为 2AAQ87655543，而地主手里剩下 222AKQJJ108。如果顶家不出 Q 而是出 55、AA，剩下 2Q876543，地主不下 22 压 AA，顶家再出 876543、2，最后报单，剩 Q，地主输牌。即便地主出 22 压制 AA，之后也必须出单，这样顶家出 2 再出 876543，报单，剩 Q，地主最后同样输牌。

经典实战 20

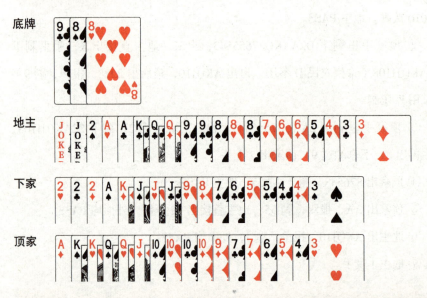

地主	下家	顶家
6	K	—
—	9876543	—
—	JJJ4	—
—	2225	—

续 表

地主	下家	顶家
DX	—	—
99	—	QQ
AA	—	—
76543	—	—
8883	—	—
QQ	—	KK
—	—	9
2	—	—
K（获胜）		

分析

① 地主先出单 6，下家直接上 K，顶家 PASS，地主犹豫几秒后选择了 PASS（手里只有单 2，所以在没有控盘之前不轻易下 2）。

② 下家出 9876543，顶家 PASS，地主 PASS。

③ 下家咄咄逼人，出 JJJ4，地主继续忍让。

④ 下家最后出 2225，直逼地主 DX（地主还没有回过手，如果不炸便是反春），地主抛出 DX，制止下家脱手。

⑤ 由于外面 10101010 一直未现，下家出过 9876543，所以可以确定顶家手中存在 10101010，地主必须想方法报牌。地主选择出 99，顶家出 QQ 拦截，地主 AA 上手。

⑥ 地主出 76543、8883，剩下 2KQQ，农民均 PASS。

⑦ 地主出 QQ，剩下两张，顶家考虑了许久出 KK 压制，地主 PASS。

⑧ 顶家出单 9，地主直接上 2 报单，下家 PASS，现在顶家虽然已算清楚下家报单 A，地主报单 K，但是顶家手里剩下 AJ10101010776543，多一张单

牌，如果炸了地主的 2 出单牌 A，虽然顶住了地主，但下家又接不过去，若出其他单牌，地主 K 可过，所以顶家只能选择 PASS，让地主出完。

⑨ 最后地主 K 脱手。

点评

该牌局中顶家犯了一个致命的错误，即用 KK 压制地主的 QQ。如果地主出 QQ，剩下 2K，顶家不出 KK，让地主出牌，地主若是出 2，顶家再用 10101010 炸了地主，之后出 K 顶住地主的 K，而下家的 A 刚好能过，地主输两炸。即便地主不出 2 而是出 K，下家 A 也能过，地主同样输牌。

第五章 残局练习

  在牌型比较正常的情况下，经过几轮出牌后，牌局就会进入残局。残局是斗地主最关键的阶段，也是很难把握好的阶段。在开局时，也许出现小的出牌失误还可以挽回，但在残局阶段，临近收官，着着致命，生死就在一瞬间。随意打出的一手牌，可能就葬送了一局好牌。

  为方便读者更进一步提高对斗地主的认识，笔者专门从网络斗地主各大论坛中精选了一部分残局案例并做出详解，希望读者能从中有所收获。

斗地主高手必胜攻略

在残局中，也有很多技巧可以运用。比如最基本也是最重要的记牌技术，如果你能记住已打过的牌，就可以很容易地推断出来对方剩余的牌型，因为此时牌已经很少了，知己知彼百战不殆，古之训也。除了一些实际的技术之外，心理战术在残局也能够发挥重大作用，强大的心理压力能够使对方做出错误的选择，而这也需要一定的技巧，所谓杀人诛心，心法上的高明有时甚至能击败牌张上的优势。

残局练习 1

出牌规则：与网络斗地主规则相同。地主先出牌，怎么出能赢？

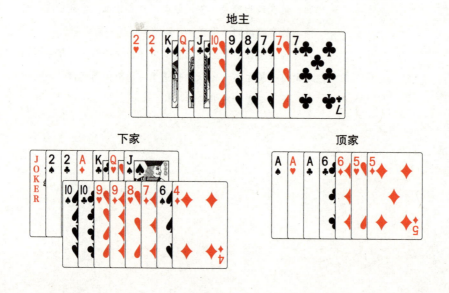

残局练习2

出牌规则：与网络斗地主规则相同。地主先出牌，能赢吗？

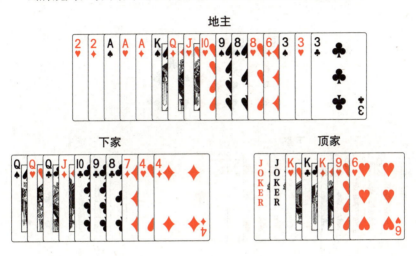

残局练习3

出牌规则：不能四带二，其余与网络斗地主规则相同。地主先出牌，能赢吗？

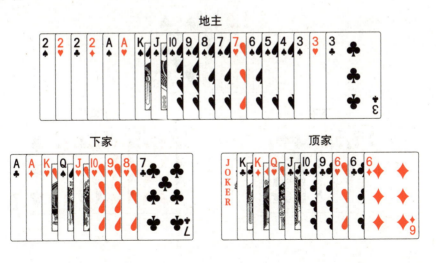

残局练习 4

出牌规则：与网络斗地主规则相同。顶家先出牌，农民能赢吗？

地主

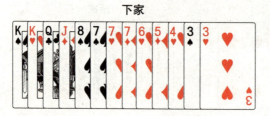

下家 顶家

残局练习 5

出牌规则：与网络斗地主规则相同。顶家先出牌，农民能赢吗？

地主

下家 顶家

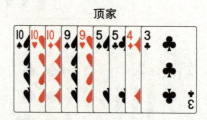

残局练习 6

出牌规则：不允许三带二，只能三带一或三张不带，允许四带二。顶家先出牌，最后是地主赢还是农民赢？

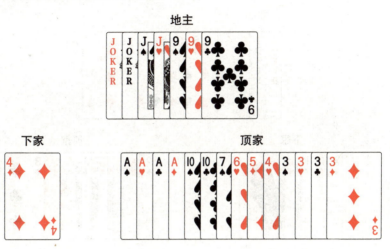

残局练习 7

出牌规则：不允许三带二，不允许四带两对，允许三张不带、三带一、四带二。顶家先出牌，农民怎么赢？

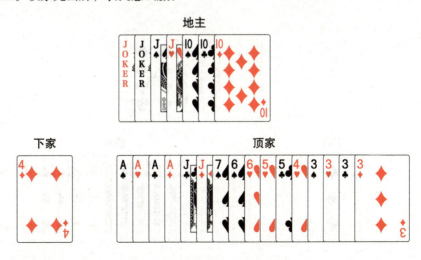

残局练习 8

出牌规则：不能分王，其余规则与网络斗地主相同。下家先出牌，农民能赢吗？

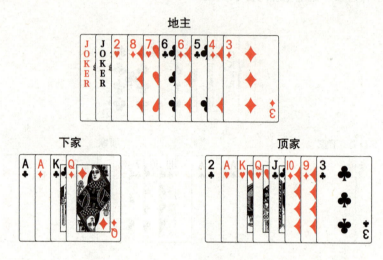

残局练习 9

出牌规则：三张不出（包括三不带、三带一和三带对），其余规则与网络斗地主相同。顶家先出牌，农民怎么赢？

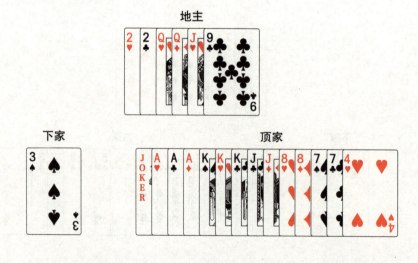

残局练习 10

出牌规则：与网络斗地主规则相同。地主先出牌，如何取胜？

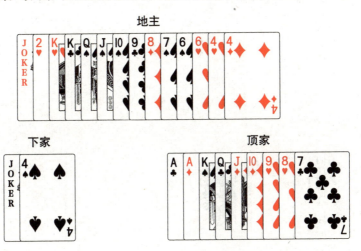

残局练习 11

出牌规则：与网络斗地主规则相同。下家先出牌，怎么赢？

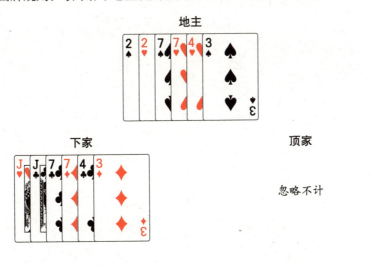

残局练习 12

出牌规则：与网络斗地主规则相同。地主先出牌，怎么取胜？

地主：JOKER A♦ 5♠ 4♠ 3♣ 3♦ 3♦

下家：JOKER 2♥ 2♣ 2♦ K♠ Q♥

顶家：3♥

第六章 思考必备法宝

现如今，随着斗地主线上、线下大量比赛的开展，也出现了一些真正的职业牌手。本章内容由职业牌手卢金才提供，作为一名职业牌手，其记忆方式、推断方式、经验技巧均在本章中有详尽说明。希望读者能为己所用，让自己的水平更上一层楼。

一、泰山北斗训练法

说起斗地主，记忆力是关键，我们在强化记忆力训练的同时，要注意根据基本牌型来进行分析。

斗地主的基本牌型为单、对、三带一、炸弹、顺子、连对、飞机、四带二、三张不带。

1. 记住缺牌

这是基础的记忆内容，笔者这里有个小方法，即在从开始发牌到发完牌的过程中都记忆自己的牌，发完牌后，闭上眼睛几秒钟，回忆自己有的牌和缺的牌（这样的记忆很牢固），然后开始作战。

读者平时可以自己发牌做练习，提高记忆水平。

2. 记住底牌

有时也需要记住底牌花色，以便更好地推断地主手上剩余的牌。

3. 记住各剩下几张牌

在实战中往往需要算出双方每打一手牌后还剩多少张牌，再根据之前的出牌情况，推测其剩余牌型是怎样的。

例如：地主之前出过顺子，没人接，那么地主最后剩余六七张牌时，有三带或者多个对子的可能性很大。

4. 注意观察

牌桌上的每一个细节都可能让我们扭转战局。这包括双方的动作、表情、出牌速度、言谈举止、旁观者走动声等，比较重要的信息不要放过。可以想一想他们为什么会有那样的动作，这也许就代表对方有什么样的牌。

5. 记忆难点

分别记住 7 至王，各牌点余张总数及可能的数量，留意断张牌、不成顺子的牌点（如 7 和 10 已经出完，那么就没有顺子了）。根据记忆的这些牌，用四三法则（每种牌有四张，由三家分配，如盟家出 AA，而你的手上有单 A，那么很有可能地主手上有单 A，以此类推）推断其在各家的发布情况，打出合理的牌！如果读者在玩牌中能做到下文这些逻辑推断，相信自己都会觉得自己是高手。

二、逻辑推断

我们应当在游戏过程中不断学习斗地主的一些常见推断方法，让自己成为"最强大脑"。下面笔者将介绍一些常见的推断方法。

① 队友出了单 10（以 10 为例），自己有 0 或 1 张 10，那么地主极可能有 10。同样，队友出 1010，自己有 0 张 10，那么地主极可能有 10。

另外，地主出的顺子中有 10，自己有 0 张 10，队友再出单 10，那么地主极可能还有 10。

② 地主出 999，自己没有 10，队友又没用 101010 压制（而地主无 101010，因为 999 和 101010 可以一起出），则很可能队友和地主一人一对 10 或有人有 4 张 10。

③ 某一家三带一带的是大牌（如 K 以上），则其没单牌或单牌是单王、2、A、3。同时要警惕跑完。

④ 通常三带一带的都是自己最小的单牌，下家三带有可能带第二小的，以方便顶家接牌。

⑤ 一家出顺子（98765）后，可以快速推断并记忆手中与外面对应的相关牌点对应数：如自己有 0 张 5，外面有 3 张 5；如自己有 1 张 6，外面有 2 张 6；如自己有 2 张 7，外面有 1 张 7。

⑥ 从自己全牌中推断外面每一个牌点所对应的剩余张数，如自己手中有 6、88、JJJ。外面对应的牌点张数就是 666、88、J。若队友有打出这些牌点的机会，却不出，则地主有这些牌点的可能性极大。

⑦ 当地主出单10，队友压制单A，自己有0张J（队友用A压制，很可能手中不是单个J），因此地主手中有3个J可能性很小。

同理：

当地主出1010，队友压制AA，自己有0张J，地主手中为JJ的可能性很小。

当地主出101010，队友压制AAA，自己有0张J，地主J手中为单个J的可能性很小。

⑧ 地主出一对或三带一，队友分别都进行压制，如地主出44或101010带一，队友压制99或KKK带一，接着看自己手中4~9的对子和10~K的单牌，则地主有这些对子与单牌牌点的可能性极大。

例如，自己手上有55，队友用99压制地主，因此队友可能没有55，因此地主有5的概率就很大。同理，自己手上有J，队友用KKK压制地主，因此队友可能没有JJJ，因此地主有J的概率很大。

三、深入推断

下面将对牌点的数量进行更深入的推断，要做到这一步，我们需要知道队友手上到底是什么牌，外面剩下的牌双方是怎么分配的。

判断地主牌点的数量需要进一步强化四三法则的运用。

① 如地主出单10，队友用A压制，自己手中牌有单Q和JJ，则地主手中Q的数量很可能为1张、3张或0张，只有很小的可能为2张。地主手中J的数量很可能为2张或0张，只有很小的可能为1张。

根据队友的压制方式，我们可以判断队友没有哪些牌，当队友用A压制时，则队友很可能没有单张Q，因此地主只有很小的可能有2张Q，当然如果一方有顺子，则这个推断是不成立的，以下同理。

② 如地主出1010，队友用AA压制，自己手中牌有单Q和JJ，则地主手

中 Q 的数量很可能为 2 张、3 张或 0 张，只有很小的可能为 1 张。地主手中 J 的数量很可能为 2 张或 1 张，只有很小的可能为 0 张。

类似的例子有很多，读者朋友们可以根据上面的方法试一试自己推断。

同样地，根据地主的压制方式，也可以推断地主有什么牌。

① 如队友出单 10，地主用单 A 压制，自己手中有单 Q 和 JJ，则地主手中 Q 的数量很可能为 2 张、3 张或 0 张，只有很小的可能为 1 张。地主手中 J 的数量很可能为 2 张或 0 张，只有很小的可能为 1 张。

② 如队友出 1010，地主用 AA 压制，自己手中有单 Q 和 JJ，则地主手中 Q 的数量很可能为 1 张、3 张或 0 张，只有很小的可能为 2 张。地主手中 J 的数量很可能为 1 张或 0 张，只有很小的可能为 2 张。

关注某牌点断张后，双方不能成顺子的相关牌点分配数量（利用四三法则）。例如，Q 已经打完，A、K 没有成顺子的可能，那么这时候用四三法则推断 A、K 的数量就很准确了。

① 一般来说，任何一方出过某一牌点，其手中就没有这个牌点了（如果还有这个牌点，就一定有顺子）。

② 如某一方出过含 6 的顺子，那么其对应顺子的牌点，用四三法则推算张数是比较准确的。比如出了 98765，那么就可以根据己方手中的牌来准确推算这 5 个牌点在外面的分布情况。

③ 相反地，也可根据所掌握的地主的牌点张数情况，推算队友是否有可能有这个牌点的顺子。

四、牌技精语

在这里，笔者总结了一些比较实用的推算牌型的技巧，并将它们简化成牌技精语，供读者朋友们参考。这些精语每一句都有其实用之处，希望读者朋友们多读读，多学学，让自己成为思路清晰、判断迅速、准确的玩家，打

出配合，打出斗地主的精髓。

① 顶家的位置有特殊性，当其出 K 以上的牌时，不能简单地用四三法则来进行推断，应考虑多方原因，如拆地主牌、顶牌、有顺子、拆己方牌上手等。

② 一般来说，出 Q 以下的牌，无论哪家都可以用四三法则，当然也要考虑顺子，如地主出 6 之后，还有存在含 6 顺子的可能。

③ 拆牌的原因主要有顶牌、拆牌上手、压制对手要赢的牌、给队友亮牌、有顺子牌、误导对手制造假象。

④ 结尾时，已经知道对手剩下多少张牌，之后结合外面已知的重点牌及已确定对手持有的牌点，做出种种可能的牌型分析，再一一排除每种牌型，最终锁定对手手上是什么牌。

⑤ 对战时，可用眼睛盯住重要的牌点并默读牌点数量来强化记忆，然后提前算好牌，再想好后几手牌出牌的思路，以便能快速出牌不让对手有过多的时间思考，同时也可以迷惑对手。

⑥ 推算断张之后是否还能成顺。比如 9 和 4 断张了，那么 4 和 9 之间就没有顺子了，断张的前后相差 5 及以下的牌，也没有顺子。

⑦ 已分析出地主有对子、顺子或三带一的牌型可能，顶牌时就顶概率最大的牌型，出牌时就出概率最小的牌型。若是己方的牌型可以赢下对手出现概率最大的牌型时，应提前大胆攻炸。

⑧ 要懂得换位思考，站在对方的角度，考虑其每一手牌的出牌构思是什么，同时还要结合他的位置特点、与他的敌友关系等，来分析对方的牌型。

⑨ 做地主时，农民哪家强势，就应该着重计算哪家的牌；做农民时，若队友强势，不但要计算地主的牌，还要计算队友的牌。要记他们剩有多少张牌，算出他们手上有什么牌。无论做地主还是农民，尽可能计算两家牌。

⑩ 出牌、压牌、顶牌时，尽可能保留原有的牌型或保留能压制对手的牌型。

⑪ 对手在等某种牌出现的时候（往往表现为连续不出牌），这时要推算对手手上没有的牌点，即要去除三家已出的牌点，并去除对手手上已判定有的牌点后，算出他想看到的牌。这时往往己方可以伪装成有炸弹。

⑫ 要洞悉对手各种出牌暗示的意思。

比如地主出 2 时，队友略做停顿后 PASS，那么很可能队友有王，同样你也可以这样暗示队友。

⑬ 打牌时，可以认真回忆一下之前出过的牌，再进行深度思考与打法思路分析。关键时刻不要因急躁打错牌。

⑭ 尽量打队友已出过的牌点，一是尽可能不暴露己方的牌，二是逼地主暴露他的牌。

⑮ 尽可能打地主底牌的牌点或打出能暴露地主手牌的牌点。地主则应考虑出什么牌不暴露己方的牌，做到自己清楚，对手不清。

⑯ 作为顶家，尽可能保留更多的牌型，同时还要能顶住地主，作为队友，尽可能保留队友没有的牌型来克制地主。

⑰ 当彼此手牌还不明朗时，假如推测出地主有 J，上家过 9，自己手中为 Q、JJ，在牌力允许的情况下或已确定为废牌时，可拆 J 顶牌。

⑱ 地主出第一手单牌，如地主出 4，若下家有单 5 和单 6，可以选择出单 6，原因是地主可能没有 5，想看 5 的分布情况。

⑲ 出牌的方式不能一成不变，要根据当局的变化，采取不同的打法。比如有时压制队友可能是为了使自己的牌快速走完，有时没牌走也压制就是为了逼地主拆王。

五、经验与技法

笔者根据长期参加各种比赛的经验，为读者朋友们列出了以下 27 招制胜技法。希望大家仔细琢磨，并将这些技法转变为适合自己的技法，掌握并运用它们。

① 地主有单 2 与 X，可考虑先出 X 来迷惑对手。同样你有 DX，分王时，可以先出 D，再出 X。说到这里，读者是不是也被这样迷惑过呢？

② D 可压地主关键的 2。

③ 做地主时，要先出底牌花色的牌点。比如底牌有黑桃 2，手里还有其他 2 时，可以先出黑桃 2，让别人不清楚你的牌力。当然也有例外。

④ 地主出单时，农民顶 J、Q、K 来试探大牌的大致分布，出对子时，农民出中对为好，顶住地主小对，又让队友接上。

⑤ 下家要保留最小的单牌或对子，以便出手使顶家接牌。

⑥ 农民 X 在手，可先考虑出单来使队友知道 DX 的情况。

⑦ 起牌后，农民要确定出牌角色（是跑家、配角还是即跑又配），配角要注意出牌的牺牲技巧。

⑧ 农民要留住关键牌来压制地主的关键牌。比如判断地主有 AA，那么就不要轻易拆自己的 22。

⑨ 牌型不明送单为先。可通过几轮单牌，试探三家的牌型、牌点。

⑩ 试牌时可先出己方能控盘回来的牌。

⑪ 做地主时，如确定能赢就要使炸弹最多化（诱炸），以扩大战果。诱炸比较难以掌握，简单举个例子：地主有 DX，一个 2 三个 8，可以先出一个 2，让别人以为你是 DX 加一单一双，从而错炸。

⑫ 利用好自己手中的牌来记忆。

⑬ 快速计算顺子张数方法：顶数减尾数加 1，比如 3456789 就 9-3+1=7 张。

⑭ 由于顺子至少要 5 张以上，因此可以通过出牌来逐一排除一些牌点，以缩短对手顺子的长度，从而，不让对手刚好接上。

⑮ 关注高手顶家突然出小牌（高手一般情况不会让地主轻易过一个小牌，如果让地主过小牌说明牌很好，想自己打完，需要关注）。关注农民压队友牌

（通常情况下一家农民不会压另一家农民的大牌，如果压则说明想接牌脱手，需要关注）。关注有试图当庄的农民（比如头家农民考虑很久最后没有叫牌，那说明头家农民手里的牌不会很差，所以最后选择做地主的玩家应该关注头家农民，不让他轻易上手）。关注地主首攻单牌时，下家出大牌想上手（地主首攻单牌，通常情况下，下家会顺过小牌让顶家顶大牌，如果下家出大牌说明有上手脱牌的想法，所以这种情况需要关注）。

⑯ 先研究对手们打牌的风格、习惯、牌技级别等。

⑰ 要稳住对手的心理承受底线，可以采取的方法有出牌时稍微轻慢点、装作无奈、略做停顿后再压牌。

⑱ 刚开始需要边打边试探，得到更多牌局信息，以便更早推断对手手中的牌，找出对手牌型弱点，避免出错牌，并找到压制的最好时机。

⑲ 三带一或飞机要带已出现的牌。农民手中如无炸弹，打到最后可以报地主手上没有的牌点，假装有炸弹来迷惑地主。

⑳ 认认真真尽全力打好每一局牌，养成每局尽可能算清两家牌的习惯。

㉑ 牌力不足以当地主的不要轻易拿底牌当地主，不能赌底牌运气，拿底牌前和当地主时要构思牌路。

㉒ 合理地打好自己的每一手牌，同时认真关注其他两家的每一手牌，进行分析，根据自己的牌，尽量控制对手的牌，出牌时要最大限度地使对手少走一手废牌，选择一种最好的打法。

㉓ 根据对手剩下的手牌张数来出牌，一方面要打安全牌，另一方面要继续试探对手。

㉔ 算牌时，要确定好哪些牌点是确定的，哪些牌点是可能的，要先多考虑一些可能性，再根据牌局的具体情况，逐一排除，最终确定牌点的分布。如队友顶 K，自己有一张 K，不能马上考虑地主手上为 KK，因为队友有拆 KK 顶牌的可能。类似的例子还有很多，需要不断总结。

㉕ 做农民时，如果自己的牌不好，可以通过强势的打法让地主误认为已

方是跑家。或者自己的牌好，要通过不同的出牌方法，让地主减轻对己方的攻势。

㉖ 高手之间比的是记牌、算牌、思考的深度与广度、心态、失误的多与少、经验等，要不断加强训练。

㉗ 地主开头出最小的单牌 3，或者任何农民一方出单牌 3，则其没有三带的可能性很大。如果地主有三带却出单 3，就给了下家过 4、5 这样的小牌的可能，是很不高明的出牌方法。当然，这也有可能是手里的牌很整，想要跑牌的表现。

参考答案

残局 1

分析 1：如果地主先出 KQJ1098，下家 AKQJ109 接住（剩下牌为 D221098764），下家出 4，再用 D 收回，出 22 剩 109876，地主输牌。

分析 2：如果地主出 777，顶家接 AAA，之后出单，地主分 2 后出 KQJ1098，报单，剩 2，下家接 AKQJ109，地主输牌。

分析 3：地主出 8777，顶家接 AAA5，顶家出单 5，报双，剩 66，地主出 2，如果下家出 D 压制，再出 109876 时，地主接 KQJ109，报单，剩 2，地主赢牌。如果下家 D 不压，地主出 KQJ109，报单，剩 2，下家接 AKQJ10，剩单牌 9 或 4，地主最后赢牌。

分析 4：地主出 KQJ10987（下家必须接，否则地主出 22，报双，剩 77），下家接 AKQJ1098，剩下 D22109764，之后下家出单时顶家出 A，地主 PASS，顶家只能出单，地主过 7，剩下 227，地主最后赢牌。

残局 2

分析 1：地主出 3336，顶家 KKK6 过，剩下 DX9，地主输牌。

分析 2：地主出 88333，下家接 QQQ44，之后无论地主接与不接都将输牌。

分析 3：地主出 KQJ109，剩下 22AAA886333，怎么出都输。

分析 4：地主只能出 KQJ1098，再出 22，剩下 AAA86333，地主再出 6333，剩 AAA8，地主获胜。

分析 5：当地主出 KQJ1098，再出 22，剩下 AAA86333 时，顶家可用 DX 炸掉，之后出 KKK 不带，地主 AAA 接牌，最后地主仍输牌。地主 AAA 不接，下家再出单 6 剩下 9，地主同样输。

结论：此牌地主的牌无解。

残局 3

分析 1：地主出 7333 或 K333，顶家接 K666，顶家出 KQJ109，报单，剩 D，由于地主剩下 2222AAKJ10987654 或 2222AAJ109877654，出连牌则下家可接手，所以地主不敢炸，输牌。

分析 2：地主出 33，下家直接出 AA，剩下 KQJ10987，地主剩下 2222AAKJ1098776543，如果地主把连牌组合为一手连，将会多出 K 和 7 的单牌，地主最后输牌。如果地主把连牌组合为两手连：J10987、76543，顶家接 KQJ109，地主同样输。

分析 3：地主出 K，下家分 A，地主 2222 炸掉，之后出 33 再出 AA，最后剩 J1098776543，地主获胜。

分析 4：如果地主出 K，下家不分 A，顶家必须出 D（否则地主将轻松获胜），顶家上手后，如果出 KQJ109，剩下 K666，地主 2222 炸掉，之后出 76543，下家必须接（否则地主再出 J10987，下家也必须接），接牌后下家剩下 AAKQ，再出单牌，地主出 A，剩下 AJ1098733，这时地主再出 J10987 已为大牌，地主出 A，报双，剩 33 获胜。

分析 5：地主出 K 时，顶家出 D，顶家上手出 K666，剩下 KQJ109，地主 2222 炸掉，剩下 AAJ109877654333，地主出 7333 已为大牌，再出 AA，最后 J10987654 脱手，地主获胜。

残局 4

分析 1：顶家出 2，地主 9999 炸掉，地主出单后再出 2，报单，地主获胜。

分析 2：顶家出 3，地主出 2，再出 7、9999，最后报单，剩 8，地主获胜。

分析 3：顶家出 QQ，地主 PASS，下家 PASS，顶家再出 2，报单，剩 3，地主 9999 炸掉，之后出 7 再出 2，报单，剩 8，地主获胜。

分析 4：顶家出 QQ，地主 PASS，下家 PASS，顶家再出 3，报单，剩 2，地主出 2，最后选择 999987 出完，地主获胜。

分析 5：顶家出 QQ，地主 PASS，下家接 KK。下家再出 33、77、87654，剩下 QJ，下家出 J，报单，剩 Q，顶家出 2，报单，剩 3，如果地主不炸，直接输牌。如果地主 9999 炸掉，剩下 287，再出 8，下家过 Q，地主输牌。

残局 5

分析 1：顶家出单，地主出 2，剩下 22K8，地主继续出单即可获胜。

分析 2：顶家出对，地主出 22，剩下 2K8，地主继续出单即可获胜。

分析 3：顶家出 1010103，地主接 2228，直接获胜。

分析 4：顶家出 10101055，地主 PASS，顶家再出 3，剩下 994，地主上 2，剩下 22K8，继续出单同样获胜。

分析 5：顶家出 101010 不带，地主接 222，剩下 K8，地主输牌。顶家出 101010 不带，地主 PASS，下家接 JJJ，剩下 AQ，地主如果继续 PASS，下家出 Q，报单，剩 A，地主输牌。如果地主的 222 接下家的 JJJ，地主剩下 K8，同样输牌。

残局 6

此牌顶家只能先出 A 或者 76543，否则，地主都会过牌赢炸。

分析 1：顶家出 76543，剩下 AAAA1010333，再出 10333，地主接 J999，地主获胜。如顶家出 A，地主分王获胜。如顶家出 333，地主接 999，地主获胜。

163

分析 2：顶家出 76543 后出 A，地主分王，之后出 J 再出王，剩下 J999，顶家如用 3333 炸掉，剩下 AAA10107654，顶家出 4，地主过 9，顶家分 10，地主过 J，剩下 99，顶家出 A，剩下 AA10765，顶家手里有 765 的单牌，地主获胜。

结论：此牌无解。

残局 7

分析 1：顶家出单、对、三带一，地主都可以过。

分析 2：顶家只能先出 A，再出 JJ、76543、5333、AAA6，最后地主输牌。

残局 8

分析 1：下家出 Q，顶家出 2，地主 DX 炸掉，地主出 6 再出 2，之后用 876543 摆尾，地主获胜。

分析 2：下家出 Q，顶家 PASS，地主出 2，剩下 DX8766543，出 876543、DX、6，地主获胜。

分析 3：下家出 AA，地主 PASS，下家再出 Q，报单，剩 K，顶家出 2（由于下家剩 K，地主不能用 DX 炸了出 6），再出 AKQJ109，报单，剩 3，地主用 DX 炸掉，之后出 2、876543、8，地主获胜。如顶家出 2 后再出 3，剩下 AKQJ109，由于下家剩 K，若地主用 DX 炸了出 876543，顶家过 AKQJ109。若地主出 6，下家过 K。地主最后输牌。

残局 9

分析 1：顶家出小对，地主出 QQ，顶家必须分 KK（或 AA），地主 22 不下，顶家只能出对，最后剩下 DAAAK4，由于三张不能出，顶家只能出 AA，剩下 DAK4，地主剩下 22J9，地主获胜。

分析 2：顶家只能先出 K，地主 PASS（如地主出 2 将会输牌），顶家再出

A，地主 PASS，顶家再出对子方能获胜。

残局 10

分析 1：地主出对，顶家出 AA 压制，地主输牌。

分析 2：地主出 6，顶家出 K，地主出 2，下家出 X，报单，剩 4，地主必须出 D 压制，剩下 KKQJ10987644，由于顶家手里为 AAQJ10987，地主最后输牌。

分析 3：地主出 KQJ109876，顶家出 AKQJ10987，报单，剩 A。如地主出 QJ109876，顶家出 KQJ10987，报双，剩 AA。

分析 4：地主先出 K，下家出 X，地主出 D。地主再出 6，顶家 PASS（顶家如出 A，剩下 AKQJ10987，地主出 2，剩下 KQJ10987644，地主再出 44，外面均不能接，地主获胜），地主再出 KQJ10987，剩下 2644，顶家必须 AKQJ1098 接牌，剩下 A7，再出 7，地主上 2 出 44，报 6，地主获胜！

残局 11

分析 1：如果下家先出 3，地主过 4 后再出 2，之后再出 3、2，最后报双，剩 77，地主获胜。

分析 2：如果下家先出 4，地主 PASS。下家再出 77，地主 PASS。下家出 3，地主出 4，下家分 J，地主分 2，地主获胜。

分析 3：下家先出 4，再出 7，最后出 JJ，剩 73，地主输牌。

残局 12

分析 1：如果地主出 3334，下家接 222Q，剩下 XK，地主手里剩下 DA5，地主输牌。

分析 2：如果地主出 4，下家过 K，地主过 A，轻松取胜。但是下家可以

斗地主高手必胜攻略

直接出 X，剩下 222KQ，这时地主必须压制。地主压制后剩下 A5333，如果出 3335，下家接 222Q 后报单，剩 K，地主输牌。地主只能出 333 不带，剩下 A5，下家接 222，剩下 KQ，地主获胜。下家如果不接，地主出 5，报单，剩 A，由于下家必须过 K，地主最后获胜。